BIOÉTICA E LIBERDADE

Axel Kahn
Dominique Lecourt

Bioética
e Liberdade

Entrevista realizada
por Christian Godin

DIRETORES EDITORIAIS:
Carlos da Silva
Marcelo C. Araújo

EDITORES:
Avelino Grassi
Márcio F. dos Anjos
Roberto Girola

COORDENAÇÃO EDITORIAL:
Denílson Luís dos Santos Moreira

TRADUÇÃO:
José Augusto da Silva

REVISÃO:
Ana Lúcia de Castro Leite

DIAGRAMAÇÃO:
Alex Luís Siqueira Santos
Juliano de Sousa Cervelin

CAPA:
Alfredo Castillo

Coleção Bio & Ética dirigida por:
Elma Zoboli, José Eduardo de Siqueira e Márcio Fabri dos Anjos

Título original: *Bioéthique et liberté*
© Presses Universitaires de France, 2004
ISBN 2-13-054-298-0

Todos os direitos em língua portuguesa, para o Brasil,
reservados à Editora Idéias & Letras, 2007

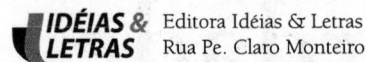

IDÉIAS & Editora Idéias & Letras
LETRAS Rua Pe. Claro Monteiro, 342 – Centro
12570-000 Aparecida-SP
Tel. (12) 3104-2000 – Fax (12) 3104-2036
Televendas: 0800 16 00 04
vendas@ideiaseletras.com.br
http//www.ideiaseletras.com.br

Dados Internacionais de Catalogação na Publicação (CIP)
(Câmara Brasileira do Livro, SP, Brasil)

Kahn, Axel
    Bioética e liberdade / Axel Kahn, Dominique Lecourt; entrevista realizada por Christian Godin; [tradução José Augusto da Silva]. – Aparecida, SP: Idéias & Letras, 2007. (Bio & Ética)

Título original: Bioéthique et liberté
Bibliografia
ISBN 978-85-98239-88-0

1. Bioética 2. Biologia – Pesquisa 3. Humanismo 4. Kahn, Axel – Entrevistas 5. Lecourt, Dominique – Entrevistas 6. Liberdade I. Godin, Christian. II. Título. III. Série.

07-7009   CDD-174.957

Índices para catálogo sistemático:

1. Bioética: Pesquisa biológica: Ética
174.957

Sumário

Prefácio:
Que ética para a biologia? – 7

Prólogo – 13

1. Ultrapassar o humanismo? – 17

2. A biologia humanista? – 37

3. Para uma pós-humanidade? – 57

Epílogo:
Sentido, papel e função da bioética – 91

Prefácio

QUE ÉTICA PARA A BIOLOGIA?

Um humanismo pode esconder um outro. Desde que o homem se inclina sobre a essência da natureza humana, ele defronta com seu semelhante. Que é o homem? Um animal político, racional, social? Fica à escolha. A questão divide os espíritos desde a aurora das religiões e da filosofia. Ela se torna mais insistente ainda depois que o domínio técnico do ser vivo se oferece à humanidade. "A descoberta da morte celular programada (apoptose) transtornou nossas certezas sobre a vida", escreve o médico e biologista Henri Atlan.[1] Como a queda das folhas de uma árvore não poderia acontecer sem a morte de células situadas lá onde estão presas as folhas, assim também o desenvolvimento de nosso sistema nervoso imunitário não poderia acontecer sem a morte de algumas de suas células. A vida é uma experiência inegável, mas a questão "que é a vida?" não é uma questão científica. A biologia estuda o como da vida, não se pronuncia sobre o porquê.

---

[1] *La science est-elle inhumaine?*, Bayard, 2002.

Charles de Gaulle tinha visto certo. Seis anos depois da descoberta da estrutura em dupla espiral do DNA, em 1959, decidiu reunir o Comitê dos sábios, encarregado de seguir os trabalhos do comitê interministerial da pesquisa e técnica de que era o coordenador: Ao término de uma hora de reunião, ele tomou a palavra: "Poder-se-ia pensar que um general fosse particularmente sensível a projetos espetaculares cujos termos compreende (...) Contudo, no fundo de mim mesmo, eu me pergunto se essa misteriosa biologia molecular, da qual nada compreendo e aliás nada compreenderia jamais, não é mais promissora de desenvolvimentos a médio prazo imprevisíveis, ricos (...) e que talvez fundarão uma nova medicina da qual não temos hoje nenhuma idéia mas que poderia ser a medicina do século XXI". François Jacob, prêmio Nobel de fisiologia e de medicina, 1965, conta uma anedota num livro coletivo essencial sobre a situação da pesquisa na França.[2] A cena é memorável. Nela se descobre o bergsoniano católico prestando fidelidade e obediência à ciência. Não há melhor aliança que a da tradição e da inovação.

François Jacob não perde uma ocasião de fustigar os embaraços da lei francesa em matéria de bioética. "O embrião – ele gosta de lembrar – é o último refúgio do sagrado." Ninguém é capaz de definir a pessoa humana em sua essência, e, contudo, são numerosos os que a invocam e apresentam como uma evidência adquirida. A lei francesa, de fato, proíbe a experimentação científica com células em-

---

[2] *Quel avenir pour la recherche? Cinquante savants s'engagent*, Flammarion, 2003.

brionárias humanas. Ela se prevalece da máxima kantiana segundo a qual nunca se deve tratar uma pessoa só como um meio mas como um fim; mas ela é incapaz de definir a dita pessoa. O estatuto do embrião fica pelo menos incerto. A pessoa surge desde o início da fecundação? No décimo quarto dia com a aparição do sistema nervoso? No momento do corte do cordão umbilical? Mistério. Quando o estudo do desenvolvimento do embrião poderia aperfeiçoar nosso conhecimento das doenças degenerativas, recuamos diante do obstáculo. François Jacob compara essa inibição com as prevenções do papa Sixto IV a respeito da anatomia durante a Renascença. A pesquisa nacional carece não só de meios, mas também de ousadia. De Gaulle, que nada compreendia de biologia, a tinha compreendido em seu tempo.

De quem a falta? Por que esse medo? Para o presidente da Academia das ciências, o professor Étienne-Émile Baulieu, seria desejável substituir a questão "que é o homem?" por esta outra interrogação: "Que fazemos de nossos conhecimentos?" Seria preciso ser capaz de estar à altura da aventura humana. E de modo algum contar com a prevenção. Ao dar demasiada vantagem à inquietude chega-se a avaliar as descobertas antes mesmo que se realizem. E se proíbe renovar nossa visão dos valores humanos. Esse é o verdadeiro lance da revolução biológica. Ela nos obriga a rever o estatuto da técnica e do conhecimento, pois esses dois projetos formam um só: o homem é ao mesmo tempo criador de valores e de conhecimentos. Não se pode separar a moralidade da aventura científica. Como não se pode separar a experiência das regras, sua colocação à prova, de sua função reguladora; também não se pode separar a experiência do conhecimento, o risco que ela implica, das normas sociais que a acompanham.

Disso fica ao menos uma dificuldade. Qual é a parte que compete à ciência e qual a parte que compete à filosofia ou à moral nessa aventura? Axel Kahn, biologista, diretor do Instituto Cochin, censura muitas vezes a seus colegas filósofos mover-se quase que exclusivamente num mundo de idéias. Dominique Lecourt, filósofo, Presidente do Comitê de ética do IRD, censura muitas vezes aos guardiões da ética entravar a liberdade de pesquisa. Pareceu-nos interessante propor ao filósofo e ao cientista um debate a respeito do futuro da bioética. Como entender as esperanças loucas e os temores desmesurados que suscitam as pesquisas em biotecnologia? A ética é um obstáculo para as descobertas científicas? Que definição do homem ou da vida deve ser dada para satisfazer nossa sede de conhecimento? De que somos responsáveis?

Eis com que nutrir a reflexão sobre o humanismo que vem. No momento em que filósofos prudentes fustigam a clonagem terapêutica antes mesmo que se tenha podido demonstrar seu caráter benéfico; no momento em que o tema da pós-humanidade alimenta o discurso desses biocatastrofistas, e até alimenta a propaganda dos iluminados e dos sectários que são convidados ao programa das vinte horas, pouco importa qual responsável, pareceu-nos oportuno confrontar as posições dos dois homens sobre os efeitos psicológicos e ideológicos da pesquisa biológica. Axel Kahn suspeita seu interlocutor de excessiva confiança. Sobretudo quando ele justifica a clonagem reprodutiva pela necessidade de resolver problemas de esterilidade, como antes, em outros textos, justificou as pesquisas sobre os organismos geneticamente modificados pela necessidade de resolver problemas de alimentação. Dominique Lecourt suspeita o seu interlocutor de ter uma abordagem muito sensível da moral.

Qual é a verdadeira função da ética? O pós-humano é um puro fantasma? Há uma essência do homem? Ou melhor, o humano é uma realidade histórica em processo, aventurosa mas cheia de promessas? À semelhança de Diderot que procurava no "movimento dos conhecimentos as razões da emancipação para os seres humanos", o autor de *Et l'Homme dans tout ça?* e o de *Humain, post-humain* procuram nas ciências atuais do ser vivo argumentos a favor do progresso do homem, mas divergem sobre os meios de proteger a humanidade contra sua própria falta de medida. Eles não têm nem a mesma concepção da família, nem a mesma concepção da liberdade.

Assim, antes que descartar ou impor um ponto de vista estreito, o filósofo Christian Godin, que os interroga, preferiu aprofundar suas diferenças. Não está aí o sentido primitivo da palavra dia-logo?

Philippe Petit

PRÓLOGO

CHRISTIAN GODIN: Dominique Lecourt e Axel Kahn, os senhores representam dois pontos de vista diferentes e até opostos sobre certo número de questões que atingem as biotecnologias – veremos se há nuances e precisões para aportar a essa constatação. O centro do seu debate será a relação ética da biotecnologia e do humanismo: quais são os efeitos possíveis ou necessários, ameaçadores ou desejáveis, das biotecnologias sobre o humanismo? Se se quisesse definir os seus pontos de vista de modo abstrato, dir-se-ia, Axel Kahn, que o senhor é o representante de uma concepção principialista que tem por origem Platão e que via Kant julga que o desejável e o possível devem ser medidos em função de certo número de valores postos senão como absolutos, ao menos como permanentes. Ao passo que o senhor, Dominique Lecourt, sua posição pode ser definida como conseqüencialista e teria por origem Aristóteles. Na linha moderna do utilitarismo, do pragmatismo e do empirismo, julga que o bom, o desejável ou o possível devem ser definidos antes de tudo em relação ao estado presente da pesquisa. Por conseguinte, antes que determinar o que deve ser feito segundo princípios que seriam postos a priori, o senhor pensa que é a própria realidade que permite julgar o que deve ser realizado. Para resumir, Axel Kahn, o senhor julga segundo princípios, e o senhor, Dominique Lecourt, segundo conseqüências. Certamente eu forço o traço, mas creio que entre os senhores a divisão ou a diferença ética pode vir daí. O problema é saber se as biotecnologias ameaçam o humanismo, se elas são um perigo para uma ética de tipo humanista. Os senhores o tratarão, se quiserem, a partir de quatro questões. Primeiramente, o humanismo pode, deve, ser ultrapassado? Essa primeira questão supõe que precisem de partida a sua idéia do humanismo. A seguir, a biologia contemporânea é, segundo os senhores, ainda humanista? Terceira questão: crêem na existência de uma pós-humanidade? Essa problemática é muito atual nos Estados Unidos. Na França, ela apenas chegou, em parte, Dominique Lecourt, graças a seu livro *Humain, post-humain*...[3]

AXEL KAHN: Há toda uma mitologia ciência-ficcional habitada por cyborgs, por quimeras e clones, que já inundaram largamente a França, mas quase nada ainda o debate filosófico. Em contrapartida, no domínio da ciência-ficção literária e cinematográfica, já é um tema abordado desde muitos decênios, inclusive na Europa.

DOMINIQUE LECOURT: Sim. Comecemos, então, pelo último ponto. É uma boa entrada nas grandes questões filosóficas levantadas por Christian Godin. Os anúncios de uma pós-humanidade, conceito inventado por engenheiros

---

[3] D. LECOURT, *Humain, post-humain*, PUF, 2003.

de informática nos Estados Unidos, multiplicaram-se desde o fim dos anos 1980. Eles deram lugar a obras literárias como a filmes populares. Sua tonalidade pode ser entusiasta, quando apresenta uma humanidade futura sem o lastro de seus limites carnais, livre da morte, acedendo então à eternidade. Ela pode ao contrário ser muito obscura e dar mensagens do tipo: a biologia vai produzir seres diferentes de todos os que se conheceram até então. Esses seres vão voltar-se contra seus criadores. Vejam *Terminator 3* e todos os filmes da ciência-ficção atual (*Matrix, X-Men*...) que regurgitam de mutantes sobre-humanos. Michael Crichton em *La proie* (2003) esforçou-se em explorar nesse sentido as promessas das nanotecnologias. Na França, Jean-Michel Truong, o autor de *Reproduction interdite* (1988), recentemente pôs em cena em *Totalement inhumaine* o "Sucessor" que já teceria sua tela para continuar a tarefa dos pobres humanos que nós somos.[4]

AXEL KAHN: Redigi há pouco o prefácio de uma coleção intitulada *Les visages de l'humain*[5] em que todos os mitos são revistos: os do cyborg, do clone, da quimera, do virtual. Esse último trata do limite entre o mundo virtual e o mundo real explorado graças às técnicas da informática e da inteligência artificial. É um problema filosófico clássico

---

[4] J. M. TRUONG, *Totalement Inhumaine*, Les empêcheurs de penser en rond, Paris, 2001; ver igualmente o número de verão do mensal *Chronic'art*, "100% clones", julho de 2003.

[5] D. GUIOT, *Les visages de l'humain*, Mango Jeunesse, Paris, 2001.

reanalisado pela neurobiologia moderna: quando faço ou vejo alguma coisa, é real? A única coisa de que tenho certeza é que eu faço ou vejo. Esse tema é também aprofundado à saciedade na série cinematográfica culta dos *Matrix*.

Foi muito apaixonante para mim escrever esse prefácio, o que levou a me posicionar diante desses mitos, entre os quais alguns são muito antigos, mas continuam muito presentes na fantasmagoria de hoje.

* * *

CHRISTIAN GODIN: ... Enfim, a quarta questão será a do sentido, do papel, da função da bioética.

1
ULTRAPASSAR O HUMANISMO?

Christian Godin: O humanismo pode, deve, ser ultrapassado? Para responder a essa questão, penso que é preciso que os senhores dêem uma definição global do que cada um entende por "humanismo". Essa palavra fez correr muita tinta; alguns filósofos, na França, chegaram mesmo a sustentar que o nazismo era um humanismo!

Dominique Lecourt: Por definição, o humanismo é uma tomada de posição a favor do homem, considerado como a fonte e o último garante de todos os valores. A questão é saber se se pode dispor de uma definição intocável do homem que o dotaria de caracteres fixos, que lhe permita desempenhar assim sem equívoco o papel de referência absoluta. Aqueles que hoje estão convencidos disso se referem de boa vontade à concepção do homem que foi formada no Ocidente no curso dos séculos XVII e XVIII. Uma concepção que resultou de um esforço filosófico intenso para repensar conjuntamente a essência de toda a sociedade moderna no quadro das teorias do contrato social assim como o processo do conhecimento no quadro da ciência experimental e matematizada. Esse esforço coletivo impressionante deu lugar a tomadas de posição divergentes quanto à forma de governo desejável. Thomas Hobbes por exemplo defendia uma monarquia absoluta, João Locke a denunciava como necessariamente arbitrária, Rousseau pregava uma democracia direta de pequenos proprietários.

Contudo, em definitivo, sua comum oposição às formas feudais da sociedade os levava a valorizar uma noção do indivíduo dotado de Razão como imagem da liberdade do ser humano. Em matéria de conhecimento, paralelamente, o sujeito individual foi posto em evidência tanto por Descartes como por Locke, apesar da oposição de suas doutrinas.

Em nosso país, não podemos ignorar o alcance crítico e revolucionário dessa concepção, ao menos como foi posta em ação durante a Revolução francesa para o melhor e para o pior.

Quando, porém, assimilamos hoje o ser humano a um indivíduo dotado de liberdade, referimo-nos por acréscimo à noção do indivíduo tal qual se encontra inscrita no coração da teoria e da prática da economia política liberal. É em torno dessa noção que se produziu a ascensão de um "individualismo de massa", a promoção de um indivíduo concebido como átomo social autocentrado, livre de laços que o uniam até então a seus semelhantes, entrando com eles na corrida sem fim de uma concorrência universal.

Torna-se urgente não "ultrapassar" o humanismo, mas repensá-lo a partir da raiz comum das duas versões que se impuseram, depois se superpuseram, no decurso dos três séculos precedentes.

Contudo, para enriquecer a análise, parece-me indispensável abrir nossas janelas: não só para as civilizações antigas, gregas ou romanas por exemplo, mas ainda para as outras civilizações, do leste e do oeste, do norte e do sul, como os historiadores e os antropólogos as descobriram e exploraram.

Aparecerá claramente que o ser humano se distingue precisamente dos outros animais superiores pela capacidade que sempre manifestou de inventar diversos modos de ser e de os reinventar sem cessar. Se é essa capacidade que faz sua grandeza, tomar partido pelo humanismo é antes de tudo se pronunciar e agir por uma abertura do ser humano ao campo de suas possibilidades. Um humanismo que, ao contrário, conta com uma forma humana intangível aparece como um humanismo pobre e, em definitivo, pernicioso: ele traduz uma sorte de encolhimento do ser, de rigidez quanto aos valores estabelecidos. Seguem-se afrontamentos que não tardam a tomar formas religiosas extremas. Infelizmente, o ódio teológico de que falava Spinoza, para denunciá-lo como o pior de que seja capaz o ser humano, voltou hoje à cena principal, o que certamente nem Axel Kahn nem eu teríamos podido imaginar há vinte ou trinta anos. Os de nossa geração não podem deixar de ser tomados pelo retorno, despendendo novidades, dos dogmatismos os mais tirânicos e os mais mortíferos, retorno que afeta quase todas as religiões. Então, não esqueçamos jamais que as concepções do homem são diferentes e que sua multiplicidade constitui uma riqueza própria do ser humano. Se necessário, chamemos em socorro Montaigne que apresentava o ser humano como "inconstante e diverso". Lembremos também que nossas maneiras de ser estão sempre em curso de reelaboração e que modelam assim a transformação da humanidade vista como um todo. Nós nos encontramos hoje intimados a modificar a concepção que se instaurou no Ocidente há dois séculos. E entre as numerosas razões que nos incitam a essa reinvenção do homem no quadro de um humanismo aberto, estão as que provêm dos progressos das ciências do ser vivo, tanto pelos conceitos que elas produzem como pelas aplicações que prometem. Essas ciências nos pedem que reelaboremos nossa visão do ser humano. É preciso assustar-se? Lamentar-se? Não é antes melhor tentar tomar esse pedido como uma oportunidade?

AXEL KAHN: Os afrontamentos com Dominique Lecourt estão para vir. Sobre a questão posta, vou apresentar minha tese diferentemente dele, mas não existe entre nós divórcio radical. O humanismo merece ainda ser denominado? Penso que sim; o que entendo aqui por "humanismo", num sentido muito amplo, é o sentimento de uma especificidade do humano, aliás qualquer que seja, em relação ao não-humano. Michel Foucault anunciou, com outros, que o homem estava morto. O aviso de morte era o de um humanismo essencialista situando-se no prolongamento do antropocentrismo bíblico e clássico. Esse último morreu, com efeito, em particular sob as expressões duras e ferinas da revolução biológica dos séculos XIX e XX. Lancemos as cartas na mesa. Eu sou – não se vai estripar sobre os termos – materialista, monista, darwiniano, isto é evolucionista. A essência biológica do homem me aparece em conseqüência ser a de um mamífero, de um primata catarrino ao mesmo tempo banal e, em certos aspectos, muito particular. Não é nessa essência biológica que reside sua especificidade.

Se há uma definição negativa, isto é aquilo a que ele não pode se reduzir, é exatamente a isso. As qualidades humanas sobre as quais se baseia o humanismo não se enraízam numa natureza singular. Elas resultam, na minha opinião, de um fato evolutivo. Um crente considerará que é um dom divino, mas pouco importa, pode-se tornar a encontrar-se nesse ponto. Num dado momento, um ser, de certa banalidade biológica, adquiriu uma propriedade excepcional, a de se reconhecer sujeito de sua vida e de suas opções, por conseguinte responsável por suas ações. Esse homem, já que é dele que se trata, teve desde então a capacidade de dizer-se: "eu sou aquele que pensa, eu sou o que faço, eu me reconheço responsável". Quaisquer que sejam os determinantes dessa aptidão, há aí uma ruptura. Certamente, de um ponto de vista biológico e mesmo comportamental, há mais diferença entre o verme da terra e o chipanzé do que entre o chipanzé e o homem. Se se deve estabelecer uma descontinuidade, um salto qualitativo diriam os marxistas, por que fazê-la passar entre o chipanzé e o homem e não antes? Por uma razão que me parece evidente: o único ser vivo sobre a Terra a poder se decretar responsável do que faz é *Homo sapiens*. Não tiro nenhuma conclusão ontológica. Contudo, o humanismo que defendo é baseado sobre essa singularidade. Um ser possui as aptidões necessárias para se declarar responsável, isto é, numa inspiração difícil de definir, imaginar-se livre. Compete-lhe desse fato prestar conta da maneira como exerce essa liberdade. O enigma da liberdade, atributo ou ilusão essencial do humanismo, aqui é central. Só um sujeito moral percebendo-se como livre quer se sentir responsável; não se é responsável do que se é obrigado a fazer seja por coação de outrem (um escravo não é responsável), seja pela coação da natureza biológica (um ser totalmente instintivo também não é responsável). Além do mais a justiça o reconhece bem: os delinqüentes em que a dissociação é total entre o ser, a vontade e a ação são declarados irresponsáveis e não são julgados já que não podem ser "culpáveis".

Tudo considerado, o humanismo a que me refiro explora com ansiedade a singularidade de um mamífero primata catarrino que tem a capacidade de se crer livre e por conseguinte de declarar-se responsável da maneira com que age. Disso segue uma dissimetria radical entre este ser singular que pode, por exemplo, reconhecer direitos para com os animais e o resto da natureza, e os que não são responsáveis de nada, nem de si mesmos nem dos outros.

Dominique Lecourt: Estamos, Axel Kahn e eu, de pleno acordo em recusar qualquer concepção reducionista do ser humano. Não admitimos que se procure a essência do homem, sua singularidade, só nos dados da biologia. Contudo, a singularidade do homem em relação aos outros animais e particularmente aos mamíferos superiores, eu a vejo antes na dinâmica do debate que ele entretém com os meios em que desenvolve sua existência. Esses meios, ele os adapta às normas vitais que são as suas. E essas normas são ao mesmo tempo biológicas, sociais e culturais, traduzidas em regras jurídico-políticas, éticas e estéticas mais ou menos explicitamente formuladas. A noção de responsabilidade deve ser situada nesse conjunto; é uma noção jurídica e ética cujo sentido não é de modo algum intocavel. Pensem nos debates sobre a "responsabilidade coletiva" após a Segunda Guerra mundial! Que se estabeleça um elo entre a noção de responsabilidade e a concepção de um indivíduo dotado de liberdade, sujeito de seus atos, corresponde, de verdade, a uma concepção muito moderna e ocidental do ser humano. Nada disso havia, por exemplo, na Grécia antiga, para não falar de outras civilizações orientais, africanas ou pré-colombianas. Eu não creio, então, que se possa fazer da liberdade do indivíduo e da responsabilidade de seus atos o caráter próprio de *Homo sapiens*. Trata-se de uma montagem filosófica recente. Eu veria antes a singularidade do ser humano como tal na criação (e na destruição) de valores. Acrescentaria, como complemento, que os valores de que o homem é o inventor perpétuo se revelam sempre precários; eles lhe permitem não só "adaptar-se", se alguns lhe causam mérito ou dever, mas tomar iniciativas, mostrar-se oportunamente criativo nas relações que mantém com seu meio. O homem, se posso dizer, é um animal normativo. Eis por que me refiro de boa vontade ao humanismo de Pico de la Mirandola, o autor de um dos maiores textos sobre a dignidade do homem.[6] Ele a enaltece; na sua opinião ela consiste essencialmente em que o homem é das criaturas a que jamais se satisfaz com um lugar designado, que recusa sem cessar seus horizontes... Grande texto de emancipação em que se exprime o melhor da Renascença, para a aventura

---

[6] J. Pic de la Mirandole, *De la dignité humaine*, texte latin et traduction de Y. Hersant, Éditions de l'Éclat, Paris, 1993; *Oeuvres philosophiques*, traduction française et présentation de O. Boulnois et G. Tognon, PUF, Paris, 1993.

humana em todas as suas dimensões, de conhecimento, de ação e de sensibilidade.

Permiti-me citar uma passagem desse texto escrito no século XV: "Eu te coloquei no meio do mundo a fim de que possas mais facilmente passear teus olhares em torno de ti e ver melhor o que ele encerra. Fazendo de ti um ser que não é celeste nem terrestre, nem mortal nem imortal, eu quis dar-te o poder de te formar e de te vencer a ti mesmo; tu podes descer até o nível do animal e podes elevar-te até te tornares um ser divino. Vindo ao mundo, os animais receberam tudo que lhes é necessário e os espíritos de uma ordem superior são desde o princípio, ou ao menos logo após sua formação, o que devem ser e permanecer na eternidade. Só tu podes crescer e te desenvolver como quiseres, tu tens em ti os germes da vida sob todas as suas formas".

AXEL KAHN: Por minha parte, diferencio-me do humanismo da Renascença e de Pico de la Mirandola, porque está ainda marcado por um antropocentrismo que recuso, como Dominique Lecourt. Trata-se certamente de um humanismo fundado sobre uma autoconstrução do sujeito, noção que eu também aceito. Contudo, a aptidão por si, propriamente humana, é para os homens da Renascença de essência quase espiritual.

CHRISTIAN GODIN: Exatamente uma precisão, Axel Kahn. O senhor pensa como materialista e monista que tudo o que o homem é, mesmo no nível moral, político, espiritual, tem por base, por fundamento, o fato de que é um ser biológico, mas que nem tudo é derivável desse nível biológico e, por conseguinte, se milita a favor de certos valores humanistas, como biologista e geneticista, o senhor pensa, apesar de tudo, que há uma espécie de salto entre o nível no qual esses valores se inscrevem e o terreno biológico que é a realidade material do ser humano?

AXEL KAHN: Bem entendido. A melhor maneira de ilustrar essa descontinuidade é o contraste entre a proximidade genética do chipanzé e do homem e o fato de que só esse último possa reconhecer deveres. Qualquer que seja a simpatia com a qual se considera esse extraordinário primata que é o chipanzé, ninguém jamais pretendeu que ele seja responsável. Pode-se elaborar um romance antropológico – falo de romance porque não tenho provas científicas da validade de minhas hipóteses – a partir dos dados recentes da paleoantropologia.

Em geral se reserva o termo hominização à transformação dos primatas hominídeos pré-humanos em primeiros seres do gênero *Homo*. Quanto à humanização, é o processo que permite a um homem aceder às capacidades mentais que lhe são específicas.

Como *Homo sapiens*, hominizado, pôde humanizar-se? Razões seletivas explicam que esses primatas tenham produzido artefatos, ferramentas. Isso já exigia capacidades adaptativas cerebrais importantes. Essa habilidade humana, testemunha de uma primeira cultura técnica, terminou por retroagir sobre as capacidades cognitivas. O homem começou por criar um mundo de cultura rudimentar, que se desenvolveu desde o início com lentidão. Pouco a pouco, ele se achou impressionado por este mundo, o que lhe permitiu ter uma produção cultural mais rica, que ainda aumentou suas capacidades e assim por diante. Cada um sabe que um *Homo sapiens* geneticamente programado para ser, ocasionalmente, um professor de universidade, mas educado por lobos, não será humanizado, mas "lobizado". Há um paradoxo: temos os genes para ser nós mesmos, o senhor, Dominique Lecourt, minha cunhada ou eu mesmo. Para sê-lo, contudo, temos necessidade de interagir com um Outro depositário de uma cultura. Como isso foi possível desde o começo? Há 100.000 anos, nossos ancestrais tinham sem dúvida os mesmos genes que nós, permitindo-lhes em princípio ter capacidades mentais equivalentes às do homem moderno. Contudo, a cultura disponível era rudimentar, insuficiente para permitir-lhes tirar qualquer vantagem de suas potencialidades. Isso explica a amplificação do fato cultural, primeiramente lenta, depois cada vez mais rápida. A primeira ferramenta feita de pedra talhada aparece há dois milhões de anos. A evolução técnica está no ponto de partida de uma extrema lentidão. O homem de Neandertal aparece há duzentos ou trezentos mil anos. *Homo sapiens* mais recentemente, de cento e cinqüenta a duzentos mil anos. Entre esses períodos e trinta a quarenta mil anos antes de nossa era, a indústria lítica, glaciária, praticada por Neandertal como por *sapiens,* evolui muito pouco. Depois, há cerca de quarenta mil anos, a arte é inventada. Há dez mil anos, o homem do neolítico utiliza o arco e as flechas. São necessários, por conseguinte, dois milhões de anos para ir da primeira ferramenta de pedra ao arco e às flechas e dez mil mais anos somente para enviar um foguete a Marte, levando um engenho teleguiado que extrai pedras e as analisa. Do ponto de vista de sua dotação genética, é o mesmo indivíduo que realiza tudo isso. Na minha opinião, essa aceleração prodigiosa procede de um fenômeno de auto-amplificação que se assemelha ao que se passa no interior de uma pilha atômica, isto é uma reação em cadeia a partir de uma massa minimal de matéria físsil. Aplicada ao homem essa reação em cadeia explica que a partir de certa "massa minimal" de cultura um espírito aculturado cria mais ferramentas e conceitos, o que lhe permite enriquecer-se progressivamente. Desde o momento em que esse fenômeno intervém, a dissociação é completa entre os elementos biológicos que o tornaram possível e a natureza do próprio fenômeno. O pintor da gruta Chauvet, o inventor do arco e das flechas e o do foguete para Marte sendo idênticos no plano genético, isso me parece desqualificar o discurso sócio-biológico. Conforme ele, tudo o que se passa no mundo humano não é senão artifícios para tirar todas as vantagens utilizados por genes egoístas desejosos de facilitar sua propagação e, portanto, de vencer na competição darwiniana. Simplifico, mas essa visão constitui bem o fundamento da vulgata sócio-biológica.

* * *

CHRISTIAN GODIN: Dominique Lecourt, o senhor diz ser partidário de um humanismo aberto, constantemente inventor de valores novos, porque o homem deve integrar psicologicamente, moralmente etc. os dados que são de seu conhecimento e de sua interação com seu meio, tanto social quanto natural. Mas que entende por "valores novos"?

Pode-se imaginar, por exemplo, que em relação aos valores do humanismo político e social do século XVII, possa haver valores novos que seriam outros diferentes da liberdade, da justiça, da igualdade, da fraternidade? Penso nesta palavra de Hans Jonas que disse que dado que a humanidade já nos ofereceu os exemplos de Pasteur, de Beethoven ou de Miguel Ângelo, que se pode querer de melhor?

Dominique Lecourt: Uma das tarefas essenciais da filosofia hoje consiste em reelaborar a própria noção de "valor". O caminho no qual me engajo foi-me indicado por Georges Canguilhem, grande leitor de um filósofo importante hoje esquecido, Eugène Dupréel,[7] por Gilbert Simondon,[8] pensador ainda muito desconhecido da individuação que, também ele, liga os valores às normas no quadro de um filosofia monista e dinâmica e por um certo Ludwig Wittgenstein... Não se pode dissociar os ditos valores da relação normativa que o homem mantém com seu meio. Não há valores, quaisquer que sejam, que não estejam ligados a normas. Essas normas, enquanto humanas, são indissociavelmente, repito, biológicas, culturais e sociais. Quando essas normas mudam, alguns valores perdem sua consistência e se acham desclassificados no sistema dos valores do tempo, outros aparecem totalmente superados, não obstante outros poderem ainda ressurgir de um passado antes julgado ultrapas-

---

[7] E. Dupréel, *Esquisse d´une philosophie des valeurs*, PUF, Paris, 1939.
[8] G. Simondon, *Du mode d´existence des objets techniques*, Aubier, Paris, 1958; *L'individu et sa génèse physico-biologique (l'individuation à la lumière des notions de forme et d'information)*, PUF, Paris, 1964.

sado. Tomem o exemplo de um valor como o da natureza e do natural. Após um eclipse durante a ascensão da ciência e da indústria como aquele, concomitante, no Ocidente, das filosofias da história, esse valor brilha desde o fim dos anos 1970 com um brilho renovado. Mas o sentido da noção de natureza e natural não se resume de modo algum a uma "volta" do romantismo. Os lances dos debates sobre a energia, o meio ambiente, a procriação, as biotecnologias... exigem que se redefina a noção para melhor avaliá-la nas relações que mantém com os outros (a harmonia, a pureza, a habilidade...). Em resumo, não existe um universo de valores em si, nenhum céu inteligível platônico ou kantiano, cuja ordem por si mesma seria intocável. Não creio que os filósofos tenham por missão, sob a bandeira da ética, reavivar a lembrança de um mundo perdido para salvar os valores dominantes no momento em que, fragilizados pelo movimento da vida, perdem crédito. Voltemos à questão do indivíduo. Um indivíduo humano, tão próximo que seja de um indivíduo chipanzé, do ponto de vista genético, apresenta esse traço que o distingue radicalmente, que ele não cessa de se individualizar ao longo de toda a sua vida e mesmo talvez além, uma vez morto, na memória dos que o conheceram, desenvolvendo virtualidades que ele só pode revelar em sua relação com os meios em que adquire sua feição particular, em que experimenta prazeres singulares e dores que lhe são próprios. Na relação com seu meio ambiente (o conjunto desses meios), ele não cessa de se formar, de se deformar, de se reformar. Assim se apresenta, para cada um, a aventura humana. O conhecimento faz parte integrante dessa aventura, desse modo de ser tão singular, que faz que nós, seres humanos, tenhamos o privilégio de poder, evocando um acontecimento que se passou há vinte anos, chorar todas as lágrimas de nosso corpo ou, ao contrário, rir a bandeiras despregadas invadidos por uma alegria intensa. Esse ser humano singular se pensa a si mesmo não só como um indivíduo, como uma pessoa também, mas até como o "sujeito", alguns dizem o "autor", de seus pensamentos, de seus afetos e de seus atos. Aqueles que, como Antonio R. Damasio, denunciam hoje o que crêem ter sido o erro de Descartes[9] porque certamente não leram ou não quiseram ler o *Traité des passions*, colocam a noção de emoção no primeiro plano. Eles pleiteiam com razão uma redefinição das relações entre o cérebro, o corpo e o espírito (*brain, body and mind*) no quadro de uma concepção evolucionista. Revela-se, pois, necessário admitir que o corpo todo, cérebro inclusive, participa da interação do ser humano com seu meio ambiente. O corpo forma com o cérebro um conteúdo de pensamento que faz parte integrante de seu funcionamento normal. A atividade neural, estando ligada ao estado fisiológico do corpo, traduz, se se pode dizer, todas as suas sensações e todos os seus sentimentos. Não é possível isolar a razão da emoção (ou da paixão) como se fez no pensamento clássico. Do ponto de vista filosófico, é apaixonante que psicólogos, como Olivier Houdé e Bernard Mazoyer,[10] utilizem o imaginário funcional para apresentar a demonstração

---

[9] A. R. DAMASIO, *Descartes'Error: Emotion, Reason and the Human Brain*, Grosset/Putnam, New York, 1994, trad. franç. *L'erreur de Descartes*, Odile Jacob, Paris, 1994.
[10] O. HOUDÉ, B. MAZOYER, N. TZOURIO-MAZOYER, *Cerveau et psichologie*, PUF, Paris, 2002.

de que existem assim laços estreitos entre emoção, inibição e inteligência... Em todo caso, o cérebro é constituído de inumeráveis sistemas em interação que interagem eles mesmos com outros sistemas de uma maneira muito complexa; é, então, impossível manter a estrutura do cérebro como garantia da existência e da unidade do eu. A questão do ser, tratando-se do homem, não poderia se dissociar da de sua transformação; e a questão de sua transformação não se deixa pensar nos termos de uma dicotomia entre corpo e espírito. O conjunto desses trabalhos faz assim reaparecer o homem como ser de desejo. Eles mostram que ninguém mais pode se considerar como um indivíduo isolado que se apresentaria por natureza como um átomo social, autocentrado até ao narcisismo absoluto. A filosofia dos valores de que temos necessidade é, portanto, um canteiro de obras aberto. O erro mais comum dos que têm o grande mérito de se comprometer hoje com os debates éticos consiste em crer que existiria, em alguma parte inscrita nas páginas de algum grande livro ou gravada no mais profundo de nossos corações, uma doutrina ética que se trataria de redescobrir para dela tirar leis, regras e máximas imediatamente aplicáveis. Não; há um esforço de pensamento considerável em aceitar que se explorem as novas possibilidades de vida que poderiam contribuir para o bem comum. É a isso que tento incitar em meu último livro com algumas fórmulas que poderiam estimular um ou outro, como a da "invenção normativa".

AXEL KAHN: Eu queria precisar um ponto que mostra que começamos a divergir. Estou totalmente de acordo com

Dominique Lecourt quando insiste na riqueza do pensamento de Damásio. Esse autor denuncia o erro dualista de Descartes, sublinha como nós somos nosso corpo, indissociável de nosso espírito e de nosso pensamento. Para ele, e partilho com Dominique Lecourt esse ponto de vista, não se compreende nada do humano se não se dá conta de que ele é também ser de desejos e de emoções que ele integra a seu modo "de ser no mundo". Aplaudo também Dominique Lecourt quando lembra que um homem só não existe. Dominique e eu ambos fomos marxistas e somos familiares a esse pensamento de Marx; para ele, o homem é a sociedade do homem. É preciso ao menos ser dois para se humanizar. O pensamento de Karl Marx foi muitas vezes deformado. Pôde-se considerar que o homem não tinha por si mesmo valor fora de sua integração na sociedade. É uma concepção sem dúvida mais na linha do pensamento de Lao Tse ou de Confúcio que de um europeu do século XIX. O indivíduo e a sociedade estão numa relação, digamos, dialética, para permanecer em situação. A relação com os outros é a condição de uma autoconstrução do sujeito, de seu acesso aos atributos da pessoa e do cidadão. Por sua vez, a comunidade deve sua riqueza à qualidade individual de seus membros como à sua intersubjetividade. Nesse sentido, limitar a definição do homem à sua posição específica na rede social, por mais essencial que seja, não explica a irredutível originalidade que ele encerra. Tomar o homem fora de sua realidade coletiva corresponde a cortá-lo da própria condição de sua emergência e de seu desenvolvimento. Afirmar que o homem sozinho não existe implica que certos valores são intocáveis enquanto o fundamentam. São aqueles sobre os quais se baseia em particular minha busca de um pensamento ético. O respeito do Outro é assim um valor absoluto e não relativo. Ele é até ontológico já que tenho necessidade do Outro para ser eu mesmo e ele tem necessidade de mim para ser ele.

Falemos agora da liberdade. Ela é igualmente, na minha opinião, um valor fundador. Eu defini o humano em relação ao não-humano, pela possibilidade de se pensar como livre. Utilizo palavras prudentes, porque, bem entendido, todo o mundo se interroga sobre a noção de liberdade. Valéry dizia que era a palavra mais bonita da língua, aquela para qual mais freqüentemente se apela, mas cuja definição permanecia a mais incerta. Tenho consciência disso. Não obstante, definir o mamífero humano como aquele que tem a possibilidade de se pensar livre é uma das abordagens possíveis de sua singularidade. Por isso, o respeito a essa aspiração à liberdade tem também uma significação essencial para toda reflexão moral. Certamente, não existe norma absoluta que seria imposta de fora. Contudo, nesse entre-dois, nesse diálogo, reside um valor ético humanista fundamental: o cuidado com o Outro, o respeito à sua aspiração à liberdade.

DOMINIQUE LECOURT: Eu não estou certo de que seja prudente falar de "valores absolutos", pois a própria idéia de valor absoluto supõe uma ordem intocável e uma necessidade infrangível que se imporiam à vontade de cada um. Essa necessidade, de onde receberá sua força coagente? Como falar dessa ordem sem adotar sobre ela o ponto de vista de um Deus? Parece-me mais prudente dizer que os valores humanos formam sempre sistema; que um sistema é sempre hierarquizado; que os valores que nós situamos no cume da hierarquia (por exemplo: o Bem, o Belo, o Verdadeiro...) são valores que aceitamos promover a esse estágio e que decidimos em conseqüência ter como absolutos; quer essa decisão seja o resultado de uma deliberação ou, ao contrário, o fruto de uma pulsão inconsciente, isso estando esclarecido, a relação de cada um com os outros é evidentemente essencial na reflexão ética. Eu iria mesmo mais longe que Axel Kahn afirmando que o que importa é para cada um reconhecer em si mesmo a parte que pertence aos outros. Tudo o que vai no sentido desse reconhecimento favorece, na prática e na teoria, a dinâmica trans-individual – não digo inter-individual – que só ela pode enfrentar os efeitos deletérios do isolamento dos indivíduos. Trata-se de fazer recuar o egoísmo, a inveja, a desconfiança... que reinam em nosso mundo. Chegaremos talvez a evitar as ciladas dessa "mobilização infinita" bem analisada por Peter Sloterdijk? Neste mundo em que estamos cada dia intimados a "viver e pensar como porcos" (segundo a palavra retumbante de Gilles Châtelet),[11] como reencontrar uma vida decente, como reclamava George Orwell?[12]

A questão é, então, saber como conjurar o inumano. Como fazer render a engenhosidade humana para viver uns com os outros mais humanamente? Essa questão merece um debate que não poderia se resumir a confrontar valores

---

[11] G. Châtelet, *Vivre et penser comme des porcs. De l'incitation à l'envie et à l'ennui dans les démocraties-marchés* (1988) rééd. Gallimard (Folio), Paris, 1999.
[12] J. C. Michéa, *Orwell, anarchiste Tory,* Éditions Climats, Castelnau-le-Lez, 1995; *Orwell éducateur,* Éditions Climats, Castelnau-le-Lez, 2003.

opostos ou a procurar um consenso sobre valores comuns. Para ser fecundo, este debate exige antes que nos interroguemos sobre as formas de vida mais comumente aceitas.

AXEL KAHN: Estamos de acordo nesse ponto e até mais do que eu esperava.

DOMINIQUE LECOURT: Não estou totalmente certo... pois a palavra "ontologia" não veio sob minha pena.

AXEL KAHN: É verdade, mas a partir do momento em que ela foi definida, é preciso que nossa dissensão seja intelectual e não semântica. Quando faz da liberdade conquistada em comum uma das características da humanidade, o senhor se junta a mim: é o que eu chamava de caráter ontológico de entre-dois. Eu não entendo com isso que a relação com o Outro seja imutável: é diversa e a forma que toma depende da cultura, das circunstâncias e das épocas. Ao contrário, a emergência de um ser gozando de suas capacidades mentais, capaz de pensar a unicidade de seu ser, de suas idéias, de seus projetos e de seus atos, reconhecendo-se responsável, é possível à condição imperativa de que uma relação inter-subjetiva mutuamente humanizante a tenha permitido. Ora, é a assimetria assim criada entre este ser humano e os outros animais que justifica a permanência de um humanismo baseado na responsabilidade. Nesse sentido, é justo dizer que o reconhecimento do valor do Outro, indispensável para as permutas edificadoras, constitui um fundamento ontológico da pessoa e portanto do humanismo.

* * *

CHRISTIAN GODIN: O caráter ontológico remete a algo de substancial que transcende a história, enquanto que Dominique Lecourt identifica a inventividade dos valores com a própria história.

DOMINIQUE LECOURT: Não é o vocabulário que emprego. Eu até nem vejo como a história poderia ser um sujeito criador de valores. São os seres humanos, eu o repito, que aderem aos valores associados às formas de vida. São eles que decidem sobre o valor desses valores e de sua hierarquia. Para a salvação de sua alma ou o bem de seu corpo, um ser humano pode decidir aderir a tal ou tal mitologia teológica ou cientista, mas nenhuma transcendência jamais por si mesma lhe impôs valores. Não cabe ao filósofo aprová-lo ou denunciá-lo. Compete-lhe elucidar do melhor modo possível as condições da decisão, os termos da opção e, se possível, os meios da adesão.

Sobre essa base, cabe a cada um exercer sua liberdade!

2

A BIOLOGIA HUMANISTA?

CHRISTIAN GODIN: Passemos agora à segunda questão: a biologia contemporânea é ainda humanista? Se coloco essa questão tão brutalmente, é que, na minha opinião, o humanismo está consubstancialmente ligado ao valor de universalismo. A questão é provocante, mas se explica por contraste histórico. De Edward Jenner, no fim do século XVII, a Louis Pasteur, no fim do século seguinte, as vacinas, para tomar só esse exemplo, tinham uma função universal, sua descoberta era imediatamente útil à totalidade do gênero humano. A impressão que tenho – que é uma impressão de estranho – é que há hoje muito dinheiro, muita energia que são gastos à margem e que se trabalha doravante para um outro negócio que não é o gênero humano. Penso, entre outros, na clonagem e nas manipulações genéticas. Ouvi assim um médico dizer recentemente que poder-se-ia, para melhorar os desempenhos de tal esportista, manipulá-lo geneticamente de modo que seu organismo fabrique certo tipo de substância que melhore seu rendimento muscular.Se colocamos o humanismo no horizonte do universal, a questão se põe doravante de saber se a biologia contemporânea tem ainda a mesma função que tinha no tempo de Jenner e de Pasteur. A pesquisa não foi desviada – a palavra é extremamente forte, mas não é necessariamente injusta – ao menos em certos domínios? Estamos ainda hoje na pesquisa no sentido do conhecimento puro ou não há antes motivos não científicos (econômicos em particular) que desviam essa pesquisa e que a orientam para um mercado ultra minoritário mas solvável e não para o bem da humanidade?

AXEL KAHN: O senhor vai ao coração de minha atividade. Começo por manifestar um desacordo com sua visão. Considero primeiramente que sua análise peca por ingenuidade e em segundo lugar que não posso responder à questão de saber se a biologia continua humanista; talvez justamente porque sua questão parece ingênua. Tomemos Pasteur. Um benfeitor da humanidade. Ele seria o exemplo típico do sábio humanista porque universal. Sua busca de universalidade na ciência é kantiana. O humanismo, a dignidade humana exigem que a máxima de nossa ação tenha um valor universal. É um imperativo categórico. Sou sensível a isso, mas isso não corresponde à realidade da ciência. Em 1865, Louis Pasteur trabalhava para os cervejeiros e foi o primeiro a receber uma patente de um procedimento biotecnológico concernente a uma levedura tirada de contaminações bacterianas e por isso a melhor para a fermentação alcoólica. Em 1873, ele estendeu essa patente francesa ao *US Patent and Trade Office* nos Estados Unidos da América. O primeiro biologista a ter valorizado sua pesquisa com fim econômico, em contrato com pequenas indústrias, foi Louis Pasteur. Ele declarava ainda que as mesmas relações existem entre a pesquisa aplicada e a pesquisa fundamental como entre a árvore frutífera e seus frutos. A árvore corresponde à pesquisa fundamental e os frutos à pesquisa aplicada. Louis Pasteur seria, então, ao contrário um bom exemplo dos *businessmen* da biologia moderna.

* * *

CHRISTIAN GODIN: A vacina contra a raiva, ao contrário, não foi patenteada. Pasteur achava que fazia parte do patrimônio intelectual da humanidade e o Instituto que traz seu nome seria hoje a maior firma do mundo e a mais rica, se Louis Pasteur tivesse tido cuidado de patentear sua vacina...

AXEL KAHN: Tem razão... É inegável que a lógica econômica transformou a paisagem da biologia. Eu tinha simplesmente que recordar que a noção de uma ciência que, no início, tivesse sido totalmente fiel a um ideal de universalismo, e que hoje teria se tornado mercantil, não é justa. Certamente, a ciência é mercantil, mas não só. Certamente, ela era humanista, mas nem sempre. Pensemos no grande químico Antoine Laurent Lavoisier – não se fala mais de biologia, mas sempre de pesquisa – que tinha a missão de fabricar pólvora para os canhões dos exércitos do rei. A idéia segundo a qual os cientistas tinham outrora uma pura visão universalista e humanista é sem dúvida falsa.

Tentemos agora responder à sua interrogação. As modificações da prática em biologia fizeram perder nessa ciência tudo ou parte de sua dimensão humanista? À questão de saber se a ciência é humanista por natureza, se sua finalidade é a felicidade da humanidade, se se conforma com a missão que lhe tinham fixado o progressismo clássico de Condorcet, Saint-Simon, o positivismo de Auguste Comte, minha resposta é não. Oponho-me a essa noção, no coração da ilusão progressista, segundo a qual, por um mecanismo exterior ao homem, o conhecimento em si mesmo, garantia do progresso técnico, por suas próprias forças e pela virtude de seu gênio interno, levaria à felicidade humana. Por isso, não me reconheço na afirmação tecnófoba inversa, segundo a qual a ciência e a técnica não seriam senão ruína da alma e decadência do homem. Sou um cientista, um pesquisador, apaixonado por meu trabalho, orgulhoso de minhas descobertas. Contudo, a partir do momento em que considero que a aspiração à liberdade, como a evoquei há pouco, é consubstancial ao humano – *Homo sapiens* humanizado – seria estranho que o homem adquirindo poder pelo fato do desenvolvimento de seu saber não tivesse mais a liberdade de utilizá-lo num sentido ou noutro, que fosse de qualquer modo programado a não fazer dele senão bom uso, em benefício da humanidade. Nada é evidente, quer se trate da biologia moderna ou da tecnologia das armas. A notável eficácia dos armamentos modernos que se desencadearam no Iraque, não obstante com alguns fracassos, é um dos produtos do progresso científico e técnico ao mesmo título que o seqüenciamento dos genomas. Esse produto (armamentos) não vai no sentido da felicidade da humanidade. É banal, mas não forçosamente inútil recordá-lo. Há ainda certa continuidade com a pólvora de canhão do ilustre Lavoisier. Essa ambivalência das técnicas vale em todos os domínios, em particular na biologia. Um progresso ou uma ação podem ser qualificados em função de três ordens de critérios: 1) é consistente no plano científico e factível no plano técnico? é o critério do verdadeiro e do falso, do factível e do não factível; é do domínio da avaliação técnica; 2) essa inovação é rentável? é o critério do mercado; 3) se é factível e rentável, por isso é bom? (se não é factível, nada se poderá realizar; se não é rentável, em nosso mundo, em geral também não será feito). É o critério da legitimidade, o último refúgio da expressão democrática. O perigo está em que nossas civilizações modernas tendem a impor aos cidadãos a idéia de que seu futuro não depende mais deles, mas de determinismos que os coagem, o do progresso científico (ilustrado pela banalidade muitas vezes expressa "não se barra o progresso") e o do mercado. Eu reivindico para o homem o direito de determinar o que vai fazer dos poderes que adquire. Pensemos aqui na clonagem etc. Eu me recuso a considerar que a biologia ou qualquer outra ciência e técnica levam inevitavelmente o mundo a uma existência pós-humana, desumanizada. Desde que o homem inova, podemos utilizar os conhecimentos e a habilidade para o melhor como para o pior. Isso aumenta nossa possibilidade de escolher de duas maneiras, com a condição de recusar toda visão da ciência que seria um obstáculo ao exercício da liberdade. De uma parte, conhecendo melhor a realidade, é com conhecimento de causa que podemos tomar uma decisão; de outra parte, nosso poder aumentando, permite-nos decidir em consciência o uso que queremos fazer dele. Para mim a ciência tem um valor fundamental, a montante da liberdade da qual ela deve constituir uma das condições de exercício.

* * *

CHRISTIAN GODIN: Dominique Lecourt, o senhor fala em seu livro *Humain, post-humain* da dinâmica do conhecimento, que choca com fantasmas que vão tanto num sentido como noutro, e em nome de uma racionalidade mínima, faz uma crítica pertinente desses efeitos. As esperanças e os temores podem ser igualmente loucos. Ao mesmo tempo, o que é surpreendente quando se lê sua obra, sobretudo se se lembra de certo número de trabalhos concernentes à sociologia do conhecimento, é que as condições propriamente econômicas e sociais do trabalho científico são postas pelo senhor entre parêntesis, embora se tenha a impressão de que finalmente não há senão uma vontade de pesquisa e de conhecimento puro de um lado, que deveria encontrar obstáculos do tipo exclusivamente teológico e ideológico de outro lado. Pensa que a pesquisa atual é verdadeiramente livre de se exercer como ela o faz? Ouvi dizer, por exemplo, que se a sistemática hoje é uma parte das ciências biológicas radicalmente negligenciada, é por questões econômicas ou mesmo ideológicas; e que se a genética, ao contrário, é tão intensamente trabalhada, é porque o dinheiro aí chega, que há nesse domínio um mercado potencial enorme. Essas condições não comprometem a liberdade da pesquisa? Em outros termos, e é um modo de colocar a mesma questão: a ciência contemporânea é ainda humanista, está ainda a serviço do homem, ou melhor não estaria a serviço de forças que, tudo bem considerado (é o caso de dizê-lo), não têm muita coisa a ver com o conhecimento?

DOMINIQUE LECOURT: Em *Humain, post-humain*, consagrei um capítulo aos que chamo de tecno-profetas. Aí mostro como alguns especialistas da inteligência artificial inventaram o conceito de pós-humanidade no quadro de uma indústria em plena expansão. Trata-se não só de engenheiros de informática como Hans Moravec,[13] mas também de chefes de empresa como Ray Kurzweil[14] ou Bill Joy ("Why the future doesn't need us").[15]

A fim de compreender esse fenômeno que continua pelo menos desconcertante para um europeu, é preciso hoje repensar a relação da ciência com a técnica. O que tento fazer é justamente sair da maneira clássica de colocar o problema: a ciência é pura ou não? Formulação que induz posições extremas opostas que não se pode descartar. Há uma atividade humana, propriamente humana, que pela paleontologia nos remete a um passado muito longínquo na história: é a técnica. Há uma atividade muito recente nas escalas do tempo, que é a ciência, que vem aumentar o poder das técnicas resgatando e aperfeiçoando o saber no trabalho com habilidades prévias. As técnicas se incorporam à existência humana. O que define um local como humano, para um antropólogo ou um paleontólogo, é quando aí se encontram ferramentas e não apenas ossos. A idéia de que a técnica é exterior ao homem e vem frear ou aniquilar sua

---

[13] H. Moravec, *Mind Children: The Future of Robot and Human Intelligence,* Cambridge Mass., Harvard University Press, 1990.
[14] R. Kurzweil, *The Age of Intelligent Machines,* MIT Press, Cambridge Mass., 1990; *The Age of Spiritual Machines,* Viking Penguin, New York, 1999.
[15] *Wired Magazine,* April 8, 2000, p. 23; esse artigo está disponível no site http://www.wired.com (trad. franc. "La technologie va-t-elle manger l'homme?" *Le Monde* 5 julho 2000).

liberdade não me parece levar em conta esse estatuto da técnica. Isso dito, a técnica não tem nenhum sentido em si mesma, senão justamente o de ser esse poder de superação dos limites impostos ao homem em seu confronto com o meio ambiente. Assim considerada a técnica aparece como um puro poder de superação.

A ciência chegou muito tardiamente na história a se desenvolver por si mesma de modo autônomo e a se revelar capaz de responder, ao menos em parte, à insaciável curiosidade humana. E mal faz três séculos que essa ciência pôde tomar o passo matemático e experimental que lhe permite produzir os fenômenos que estuda para melhor compreender o que é a natureza, em nós e fora de nós.

Se, desde o século XVII, pensadores como Francis Bacon ou René Descartes anunciaram que as técnicas iam aproveitar-se da "aplicação" dos novos conhecimentos científicos, foi só muito lentamente que as ciências físicas puderam modificar as máquinas. Quando olha as máquinas como são figuradas nas famosas e magníficas páginas da *Enciclopédia* de Diderot e d'Alembert, vê que são pelo menos desengonçadas, que elas não devem grandes coisas à ciência. É de fato no meio do século XIX que a ciência começou a transformar realmente as técnicas, com a dita revolução industrial. Para manter e fazer suportada pelos operários, como pelo conjunto da população, uma filosofia do progresso – alguns dizem uma teologia do progresso – ela foi ajustada e efetivamente remonta a Condorcet, mas sobretudo foi elaborada por Auguste Comte e Herbert Spencer, isto é por engenheiros no século seguinte.

Axel Kahn: Auguste Comte começou como secretário de Saint-Simon.

Dominique Lecourt: Foram engenheiros que manifestaram na França a idéia de que a ciência podia desempenhar a função de religião; que de um positivismo epistemológico se podia deduzir um sistema de política positiva, de tonalidade cientista, aquele que, rejeitando a Religião da Humanidade proposta pelo próprio Auguste Comte, a III República adotou no fogo do conflito entre a Igreja e o Estado. Nos Estados Unidos, a história tomou uma forma diferente. Eu mostro que na realidade jamais existiu além Atlântico um cientismo do mesmo tipo, mas que aí triunfou um tecnologismo profético, enraizado na idéia milenarista do retorno ao ser pré-adâmico do homem. É essa estranha mistura tecno-teológica cujos ecos ainda ouvimos hoje na propaganda americana e nos motivos que propôs a administração Bush para sua intervenção no Iraque. Bush une ao mesmo tempo o culto da tecnologia e a oração dirigida ao Deus cristão! Em todas as frentes do exército está: "In god we trust"!

A biologia, como todas as outras ciências, pode ser recrutada a serviço do cientismo como ao do tecnologismo. Viu-se isso, por exemplo com o social-darwinismo que jamais teve uma tonalidade particularmente humanista, é o menos que se pode dizer. Vê-se isso com as declarações dos pós-humanistas contemporâneos, que anunciam uma nova era num tom messiânico, mas que na prática revelam uma propensão muito humana para a vontade de poder e para o gosto do lucro. Não é seu humanismo que impressiona, mas sua habilidade em elogiar os defeitos daqueles aos quais se dirigem – a começar pelo narcisismo de que fazem o alvo de seu *marketing* a favor da clonagem.

* * *

CHRISTIAN GODIN: No que concerne à liberdade da pesquisa e do conhecimento, pode-se dizer por exemplo que os trabalhos dos físicos como Paul Dirac ou Werner Heisenberg não foram condicionados por imperativos de tipo militar, mesmo se de outro lado seus resultados puderam ser utilizados para a fabricação da futura bomba atômica. Vê-se bem na história das idéias científicas que existe um dinamismo interno da descoberta e da inventividade científicas e que esse dinamismo possui suas próprias condições. Ora, tem-se a impressão de que hoje, para usar um conceito econômico, externalidades de tipo político ou financeiro intervêm maciçamente. Mesmo se evidentemente não poderia haver pré-formação ideológica, essas coações não dirigem os esforços e os trabalhos do conhecimento antes numa direção que em outras?

DOMINIQUE LECOURT: Como já indiquei, quando se fala da ciência, há dois aspectos a distinguir bem para melhor pensá-los juntos. O primeiro é que a ciência jamais pôde desenvolver-se entre os homens a não ser a partir do reconhecimento dos limites das habilidades existentes. Nesse sentido muito geral, deve-se dizer que a técnica precede a ciência e, portanto, que "externalidades" orientam seu desenvolvimento. O outro aspecto, porém, é que a partir dessa solicitação, a pesquisa se desenrola de modo autônomo; ela tem seu próprio passo, tira do já conhecido as ferramentas intelectuais para apreender a parte do desconhecido que parece conhecível. Ela problematiza, conceitua, formaliza, axiomatiza... Ela responde ao insaciável desejo de conhecimento que caracteriza o ser humano. Vejam o exemplo da termodinâmica. São as dificuldades (técnicas) postas pelo rendimento (insuficiente) das máquinas a vapor que levam Sadi Carnot em 1824 a formular o segundo princípio da termodinâmica, o que supõe uma reflexão de fundo sobre as próprias bases da física clássica e relança o pensamento para a irreversibilidade dos fenômenos naturais.

* * *

CHRISTIAN GODIN: Mas tomemos o exemplo brilhante da clonagem. Verdadeiramente, a clonagem e os trabalhos que são feitos a seu redor são condicionados primeiramente por um desejo de conhecimento? Não é antes um outro desejo ou uma outra necessidade que tomou o lugar?

DOMINIQUE LECOURT: Ainda uma vez, quando se põe a questão sob esse ângulo, chega-se a afrontamentos que não correspondem a grande coisa da realidade da ciência. Primeiramente, não existe mais idade de ouro em ciência e em nenhum outro lugar. Sobre esse ponto, partilho a visão de Axel Kahn: a idéia de que teria existido uma idade em que a ciência se teria desenvolvido de modo puro, simplesmente motivada pelo desejo de conhecimento me parece mais que duvidosa. O famoso desinteresse da ciência tão celebrado pelos manuais de filosofia da III República merece ser questionado. O que é certo é que as formas de sua implicação na sociedade variaram. Durante muito tempo os biologistas se sentiram protegidos porque praticavam uma ciência puramente descritiva.[16] Cinqüenta anos depois com a chegada da biologia molecular, a situação mudou completamente, a biologia intervém no ser vivo e modifica seu objeto de conhecimento, o que, de imediato, lhe permite aplicar as lições dessas modificações para dominar tanto quanto possível as realidades que constituem nosso meio ambiente. Os físicos tinham conhecido isso bem antes. É preciso olhar as coisas historicamente e não erguer uma espécie de oposição metafísica entre uma ciência pura e uma ciência submetida às exigências da técnica e da economia.

* * *

CHRISTIAN GODIN: Desculpem-me de voltar à carga. Eu não falo necessariamente em meu próprio nome; eu me faço o eco do que pode ser pensável. Se se considera que a descoberta por Newton da gravitação universal é condicionada primeiramente pela existência das leis de Kepler, pode-se dizer inversamente que hoje o condicionamento não é mais estritamente imanente à própria ciência...

AXEL KAHN: Penso que agora precisamos ultrapassar essa questão. Todos três temos razão e não dizemos coi-

---

[16] F. GROS, *Mémoires scientifiques: Un demi-siècle de biologie*, Odile Jacob, Paris, 2003.

sas tão diferentes. Dominique Lecourt e eu consideramos que as condições em que se pode passar da ciência a um bem econômico, do amor do conhecimento à sua utilização como ferramenta de poder, não conheceram transtorno qualitativo. Dito isso, é incontestável que vivemos desde o século XVII e sobretudo o século XIX num sistema que marca a ruptura planetária entre a civilização ocidental e as outras. O que caracteriza a sociedade ocidental? É ter teorizado a noção enunciada pela primeira vez por Francis Bacon, segundo a qual o saber é poder. Alguns anos depois, Descartes acrescentará que aí está o meio de se tornar dominador e possuidor da natureza. A partir do século XIX, a acumulação rápida dos progressos técnicos constituirá o fundamento do desenvolvimento econômico do Ocidente, isto é do aumento das riquezas reinvestidas parte na tecnociência, parte no poder militar dela resultante. Em nossos dias, essa finalidade produtiva da ciência, fundamento da prosperidade e do poder, está nesse ponto colocada à frente que oculta as outras motivações dos cientistas. Contudo, numerosos são ainda os jovens que se orientam para a pesquisa pública motivados antes de tudo pelo desejo de saber. Eu dirijo muitos deles e em trinta anos tive centenas de alunos. Infelizmente, a pesquisa científica é cara, é preciso que seja financiada. Há, então, aí um viés suplementar. O estudante que se interessa pelas ciências está sujeito à imagem dominante do poder técnico a que elas dão acesso e, portanto, ao poder das riquezas que elas produzem. Para ter os meios de conduzir seus trabalhos de maneira competitiva, o pesquisador é levado pela necessidade a concluir alianças com fontes de financiamento privadas, muitas vezes industriais. Quando, graças a tesouros de engenhosidade, uma equipe chega a conservar sua independência de inspiração e de problemática e deseja empreender programas sem finalidade marcada, movida apenas por sua curiosidade científica, choca com as instâncias de avaliação dos organismos de pesquisa. Pede-se cada vez mais ao cientista, para financiá-lo, que justifique em que a ciência que pratica desembocará para o aumento de um poder técnico e se criará riquezas. A pressão é então dupla: os créditos privados, acessíveis sobretudo para sustentar uma pesquisa com finalidade, são cada vez mais indispensáveis. Os poderes públicos, isto é a Nação na França e nos numerosos países da Europa, fazem pressão sobre os pesquisadores para que orientem nesse sentido seus programas. A União européia, convencida de que a inovação é o motor de seu desenvolvimento, aumenta a pressão a favor das pesquisas de interesse industrial. Todos esses elementos chegam de fato à situação de dependência crescente – em realidade, recíproca – entre a ciência e a economia que Christian Godin denuncia.

DOMINIQUE LECOURT: Assisti, no Comitê operacional de ética das ciências da vida do CNRS,[17] a cenas desse gênero em que um pesquisador em embriologia era intimado a mostrar que sua pesquisa era destinada a ter um efeito medicinal, o que ele recusava firmemente fazendo ver que ele não tinha a menor idéia e que o que lhe interessava era o saber que ele fazia progredir – no caso o conhecimento dos

---

[17] NT: Centro Nacional da Pesquisa Científica.

movimentos do embrião no ventre da mãe. Essa injunção prévia para justificar uma pesquisa por aplicações potenciais é um golpe na liberdade de pesquisa. Viu-se em 1948 na União Soviética com Lyssenko a que desastres epistemológicos, econômicos e políticos, pode levar essa exigência.[18] Os geneticistas foram assassinados, a genética destruída, a agricultura arruinada, os camponeses esfaimados, os intelectuais subjugados. Sabe-se, por experiência, que só a liberdade na pesquisa fundamental permite progredir e produzir, eventualmente, resultados que poderão dar lugar, às vezes bem mais tarde, a aplicações inesperadas, até mesmo, como se diz, "revolucionárias". Victor Weisskopf, que foi o assistente de Niels Bohr antes de ser o diretor do CERN em Genebra, defendia esse ponto de vista. Ele valorizava a invenção do computador, que nunca tinha sido "programada", que era fruto da conjunção imprevisível de várias linhas de pesquisa fundamental que se tinham desenvolvido livremente – em física quântica, em lógica matemática, em criptologia...[19]

AXEL KAHN: Nesse negócio, os Estados Unidos são muito mais inteligentes que o resto do mundo. Provavelmente porque depois da guerra de Secessão, não conheceram a crueldade dos combates tecnicizados em seu próprio solo, como a Europa, os cidadãos americanos mantêm uma con-

---

[18] D. LECOURT, *Lyssenko, histoire réelle d'une "science prolétarienne"* (1976), reed. Quadrige/PUF, 1995.
[19] V. WEISSKOPF, *La révolution des quanta*, Paris, Hachette, 1989.

fiança intacta na ciência e na técnica. Eles sabem que devem a elas seu poder e sua prosperidade. Eles perceberam que na origem do que chamam de técnicas de ruptura, isto é aquelas sobre as quais repousará a inovação do futuro, há em geral uma pesquisa sem finalidade e não programável. Por causa disso, jamais os Estados Unidos deixaram de financiar uma pesquisa cognitiva e de vanguarda. Os editoriais da imprensa científica americana nos informam que os Estados Unidos não podem dispensar-se de se comprometer na pesquisa com genoma, nanotecnologias, magnetismo molecular ou que sei ainda, pois isso vem de sua liderança científica e, por conseguinte, de sua dominação sobre o mundo. No domínio da biologia, de que falamos, portanto longe do domínio militar, os números são eloqüentes. Ao passo que há dez anos que os créditos da pesquisa civil em ciências da vida estão estagnados na França, eles os duplicaram no National Institutes of Health (NIH). Esse instituto consagra 55% de seus créditos a uma pesquisa sem finalidade. Comparado com o número de habitantes, isso representa um esforço público dez vezes superior ao que a França faz.

DOMINIQUE LECOURT: Eis um ponto sobre o qual nós concordamos completamente. No caso da biologia, há isso de particular que há a medicina no horizonte, mesmo quando esse horizonte parece longínquo e mesmo se a medicina não pode se reduzir e não deve se reduzir à biologia aplicada. Segundo uma definição célebre, a medicina é uma arte na encruzilhada de várias ciências. E agora que há esses geneticistas, suspeitos entre os suspeitos, malditos entre os malditos, que podem modificar a forma humana, modificar a descendência, apresenta-se um problema que é resumido por uns e outros como o de uma ameaça que pesaria sobre a natureza humana. Vede Hans Jonas,[20] Jürgen Habermas,[21] Francis Fukuyama,[22] e Peter Sloterdijk[23] que lhes responde com sua maneira sarcástica. Tornou-se uma questão que ocupa a discussão filosófica internacional. Contudo, valeria a pena tratá-la a fundo não aceitando ingenuamente a noção de "natureza humana" em sua interpretação dominante. Não volto a isso.

* * *

CHRISTIAN GODIN: Não têm a impressão, ambos os senhores, de que existem domínios potenciais de conhecimento e de pesquisa que estão sem continuidade?

AXEL KAHN: Se bem entendido, e nós explicamos porque. A partir do momento em que uma pesquisa é cada vez mais custosa, em que compete ao cientista mostrar em que sua pesquisa é suscetível de contribuir para a prosperidade

---

[20] H. JONAS, *Pour une éthique du futur* (1992), traduzido do alemão e apresentado por Sabine Cornille e Philippe Ivernel, Paris, Rivage Poche, 1998.
[21] J. HABERMAS, *La science et la technique comme idéologie* (1973), reed. tradução francesa, Paris, Gallimard, 1990.
[22] F. FUKUYAMA, *Our Posthuman Future: Consequences of the Biotechnology Revolution*, New York, Farrar, Straus and Giroux, 2002.
[23] P. SLOTERDIJK, *Regeln für den Menschenpark* (1999), trad. francesa *Règles pour le parc humain*, Paris, Mille et une nuits, 2000.

da nação ou para os progressos da medicina – sobretudo a que concerne aos países ricos – é evidente que uma ciência como a sistemática, que evocou, será desfavorecida. Com efeito é difícil indicar em que ela vai conferir um poder novo e participar, a curto prazo, na prosperidade da Europa. A perspectiva se modificou depois da época de Kepler, Galileu e Harvey; nós mudamos de sociedade. Nossa civilização moderna baseia seu desenvolvimento na produção científica e técnica. A pressão para que a atividade dos pesquisadores aumente rapidamente a competitividade econômica das nações se torna considerável. Ela é mesmo muitas vezes uma condição *sine qua non* do apoio aos programas de pesquisa.

DOMINIQUE LECOURT: Sua questão coloca de acréscimo a questão mais geral dos "modos" que afetam as disciplinas científicas, por mais desconcertante que isso possa parecer aos estranhos. Jean-Marc Lévy-Leblond consagrou páginas muito interessantes a esse fenômeno sócio-epistemológico. Ele mencionava, se não me engano, o movimento que levou a física após a Segunda Guerra mundial à caça das partículas com risco de deixar sem continuidade, como disse, durante decênios fenômenos macroscópicos tão importantes como os sistemas em dependência sensível das condições iniciais – o que se acabou por chamar (imprudentemente) de teoria do caos, ao passo que dois matemáticos franceses, Poincaré e Hadamard, tinham começado esse estudo desde os primeiros anos do século XIX. Parece-me que em biologia se produziram acidentes do mesmo tipo. Com todo o seu ardor molecular, a biologia dos anos 1950 pelo menos não se interessou pela sistemática ou pela embriologia ou pela virologia como foi dolorosamente descoberta no início da epidemia da aids. É uma questão de funcionamento institucional e de orçamento certamente. Os estudantes se precipitam sobre os laboratórios reconhecidos como "de ponta" na pesquisa e que dispõem em conseqüência dos orçamentos mais substanciais. Contudo, há aí igualmente, mais grave talvez, um defeito de pensamento. Um conhecimento aprofundado, filosoficamente instruído, da história das disciplinas permitiria sem dúvida alguma ganhar muito tempo para a pesquisa. Eis uma das razões pelas quais pleiteio incansavelmente um curso de história e de filosofia das ciências nos cursos científicos.[24]

---

[24] Relatório ao ministro da Educação nacional sobre o ensino da filosofia das ciências (2000): http://www.education.gouv.fr/rapport/lecourt/

3

PARA UMA PÓS-HUMANIDADE?

CHRISTIAN GODIN: Vamos agora à terceira questão. Acreditam na existência real de um pós-humano e por qual (quais) razão (razões) ele vos parece temível ou não, se todavia é possível? Ou melhor, a pós-humanidade não é apenas um pesadelo ou a fantasia de alguns vãos sonhadores tecnófobos ou tecnófilos, suscetíveis de engendrar uma atração e uma repulsa ambas tão irracionais?

DOMINIQUE LECOURT: A questão posta pela versão original do pós-humano – a versão tecno-profética e entusiasta – situa-se bem no quadro de uma concepção da tecnologia como redentora ou como anunciadora e instrumento de uma volta do homem ao estado de antes da Queda. É uma concepção ligada às estruturas inconscientes as mais possantes da ideologia americana e que são profundamente teológicas, como tentei explicar há mais de dez anos em *L'Amérique entre la Bible et Darwin*.[25] De acordo com essa

---

[25] D. LECOURT, *L'Amérique entre la Bible et Darwin* (1992), reed. Paris, Quadrige/PUF, 1998.

concepção, os engenheiros podem contribuir de modo decisivo para a salvação da humanidade. A história mostra que, nos países anglo-saxões, e isso desde Francis Bacon, essa tradição de pensamento, que se encontra até em James C. Maxwell ou, mais perto de nós, em Alan M. Turing, o pai espiritual da informática, desempenhou um papel motor para a pesquisa técnica e científica.

Há essa pós-humanidade? – perguntas. Ela existe no estado de projeto que se assemelha, a ponto de enganar, a uma dessas ficções que a literatura propõe e que o cinema impõe à fascinação universal. Ver o mundo inteiro, inclusive o papa e o presidente dos Estados Unidos, se deixar iludir, na proximidade do Natal de 2002, por um personagem tão medíocre e ridículo como Raël é sinal de que alguma coisa não vai bem. É preciso que a fascinação seja bem forte, o fantasma bem poderoso para que a simples aparição na televisão de uma pesquisadora sem sucessos, incapaz de apresentar nada mais que o fantasma de um bebê clonado, provoque essa mobilização das autoridades espirituais e temporais!

AXEL KAHN: Eles se mobilizaram antes por uma ovelha...

DOMINIQUE LECOURT: Sim, mas nós atravessamos um limiar com o bebê fantasma. Isso mostra, parece-me, que há nessa idéia de uma pós-humanidade a volta de profundos sonhos teológicos reciclados num sentido ultra-modernista. É uma das tarefas da filosofia hoje analisar o poder persistente e renovado dos afetos que a religião mobiliza para seus próprios fins. Isso supõe que os filósofos não se agarrem à história da filosofia, à lógica ou à filosofia da linguagem, mas se abrem aos trabalhos dos historiadores, dos antropólogos, dos sociólogos, dos psicólogos e dos juristas.

Eu constato que nos Estados Unidos o discurso sobre a pós-humanidade, em sua versão catastrófica – "biocatastrofista" como a chamo – e não mais tecno-profética, é alimentado por posições ideológicas e políticas não conservadoras mas literalmente "reacionárias". Com Leon R. Kass, seus patrocinadores pregam a volta aos valores fundamentais da família americana. Parece-lhe urgente defender a qualquer preço a estrutura de casal da família. Atual presidente do Comitê de ética da Casa Branca, Leon pede assim que se atenha à procriação natural porque, deixando lugar ao acaso, ela garante que a criança, qualquer que seja, será bem um dom de Deus. Segundo ele, não se poderia permitir artificializá-la sem cometer um pecado de orgulho. Só a relação sexual em suas formas regulares se vê dotada de um valor espiritual eminente. Podem consultar seu livrinho, muito curioso, sobre a ética da clonagem publicado em 1998.[26] Essas teses incitaram incidentemente os movimentos contra o aborto a se mobilizarem – o que não contribui para a clareza do debate. Essa versão da pós-humanidade parece excluir que possamos tirar vantagem dessas novas técnicas para o bem comum, dominando-as e as enquadrando juridicamente.

* * *

---

[26] L. R. Kass e J. Q. Wilson, *The Ethics of Human Cloning*, The AEI Press, Washington, 1998.

Christian Godin: Se compreendo bem, os senhores temem os efeitos em retorno dessa temática mais que a própria ameaça que representaria o fato de que o homem possa se tornar pós-humano?

Dominique Lecourt: É uma idéia muito humana a de um "pós-humano". O *homem* não se tornará pós-humano. O homem não *se tornará* pós-humano. Dito isso, se a clonagem reprodutiva for um dia regulamentada, se puder ser praticada sem risco para as mulheres – o que não é o caso hoje –, se um enquadramento jurídico internacional é instalado, se um controle estrito é instaurado, então terá lugar ao lado das outras técnicas de procriação assistida.

A questão que agita hoje os meios científicos, médicos e políticos é diferente. Axel Kahn vai certamente se exprimir a esse respeito. Ela está na validade da distinção a se operar entre dois tipos de clonagem, o reprodutivo e o terapêutico. O primeiro consiste, sabe-se, em operar uma transferência de núcleo – de uma célula adulta para um ovócito enucleado – a fim de implantá-lo num útero e provocar uma gravidez "normal". Digamos, homenagem à célebre ovelha escocesa, que é a clonagem "tipo Dolly". A clonagem terapêutica é exatamente a mesma transferência de núcleo, mas sem implantação num útero, sem fim reprodutivo. Espera-se poder cultivar *in vitro* no laboratório células-tronco embrionárias,[27] depois conjuntos de células ou de tecidos

---

[27] As células-tronco embrionárias permitem estudar, notadamente, o desenvolvimento do embrião, apreender certos mecanismos ligados ao câncer, ou ainda testar novos medicamentos numa multidão de variedades celulares, e distinguem-se por suas potencialidades terapêuticas.

suscetíveis de ser utilizados com fim terapêutico, principalmente para praticar enxertos sem correr o risco de uma rejeição imunológica ou para tratar as doenças degenerativas do sistema nervoso central como o mal de Alzheimer que atinge hoje 434.000 franceses de mais de 65 anos ou o de Parkinson que atingiria 100.000 pessoas apenas na França. É preciso proibir essa clonagem? Há, como afirmam Leon Kass e muitos outros adversários, um "declive fatal" que iria do terapêutico ao reprodutivo? As pesquisas aparentemente muito promissoras sobre as células-tronco vão ser abandonadas? Aqui o "biocatastrofismo" arrisca-se a ter gravíssimos efeitos humanos para a saúde e para a economia.

AXEL KAHN: Vou retomar os mesmos itens um após outro. Primeiramente, existe um bio-profetismo anunciando uma pós-humanidade radical e gloriosa? A resposta é sim. Eu remeto a uma réplica que me fez em 1995 James Watson, que estabeleceu com Francis Crick a estrutura em dupla espiral do DNA. Foi festejado, em abril de 2003, o qüinquagésimo aniversário dessa descoberta essencial. Eu tinha sido encarregado de tirar as conclusões de um congresso internacional organizado pela Academia das ciências e consagrado à extensão das regras da propriedade industrial para a genética e para o ser vivo. Em minha intervenção, eu evocava várias vezes os direitos do homem. Watson me sucedeu. Numa tirada rica em cores, ele declarou não saber o que eram os direitos do homem, que o homem era um produto banal da evolução, que ele tinha necessidades, mas certamente não direitos. "Vocês percebem bem", acrescentou em substância, "se alguém se põe a falar dos direitos do homem, vai-se chegar a evocar os do cachorrinho, do gato, do chipanzé, e até da drosófila, que são, como nós, produtos da evolução. Em mil anos, não haverá referência aos profetas, não se falará mais de Jesus Cristo, mas só de Charles Darwin". Ele concluiu – e é por isso que faço essa recordação – se projetando implicitamente numa perspectiva de pós-humanidade. "Nós só temos um direito", ele afirmou, "ao menos um dever, o de nos arrogar o poder que se considerava outrora, em particular na América, ser o apanágio de Deus. Se podemos, então, nos transformar, nos melhorar, nos extirpar dessa maneira da animalidade, é preciso tentar". Eis uma das manifestações desse bio-profetismo conquistador: o homem poderá se desligar de suas raízes com a única condição de tomar em mãos sua própria evolução biológica. Ele é um ser de natureza banal, desprovido de toda especificidade, de uma essência vulgar. Resta-lhe justamente a capacidade de se auto-modelar segundo seu desígnio, não só psicologicamente, como todo sujeito, mas também em sua matéria, em sua carne e seus genes.

DOMINIQUE LECOURT: Edward O. Wilson fala de evolução voluntária.

AXEL KAHN: Totalmente. De modo muito justo, Dominique Lecourt desenhou os contornos da noção de pós-humanidade. Há os que são fascinados por essa perspectiva, embora temendo-a. Por exemplo, Peter Sloterdijk, em sua carta sobre o humanismo comentando Heidegger, adota essa posição. Seu texto é rico, original e, no todo, muito interessante. Francis Fukuyama fala dela também em um artigo publicado pelo *Le Monde* dez anos após sua obra sobre o fim da história. Para ele, a história humana está definitivamente acabada já que a ordem natural liberal reina no planeta todo. Além disso, o fim do homem, que ele não é decididamente o primeiro a anunciar, está próximo pois os cientistas já definiram como alvo a transformação biotecnológica de seus semelhantes. Encontram-se nessa mensagem os traços de bio-profetismo e de biocatastrofismo já evocados. Ainda mais, impõe-se a visão de um destino inelutável escapando à vontade humana, impondo-se de fora a uma humanidade passiva, depois de se ter autonomizado. Do domínio técnico à alienação pela técnica, a inspiração é heideggeriana. Essas teses de Fukuyama me parecem passavelmente ridículas. Contrariamente a seu discurso, pode-se afirmar que a assimilação, que constato, do movimento das sociedades a um processo natural não marca o fim da história já que a evolução natural não poderia ter fim. Além do mais, quantas aventuras imprevistas se, como imagina Fukuyama, *Homo sapiens* tenta improvisar biologicamente! Sou de fato impermeável a esse pensamento. A noção de uma pós-humanidade que seria, ou desejável, como meio de nos tirar de nossa animalidade, ou temível, porque significaria a ultrapassagem da linha de demarcação entre o lícito e o ilícito, a transgressão prometéica, a procura das quimeras de Victor Frankenstein, me é totalmente estranha. Quando contemplo esse homem real, geneticamente estável há 150.000 anos, quando observo suas capacidades cerebrais e o que elas permitiram realizar, constato que, se lhe são dados os meios, poderá sem dúvida ainda realizar prodígios. Os meios de que se trata concernem à educação e ao desenvolvimento e não necessitam em nada de uma intervenção sobre nosso *"hardware"* cerebral. O desabrochar futuro da humanidade repousa sobre a prolongação de um processo cultural e a vontade de que seja dominado em benefício do homem. A noção segundo a qual seria preciso modificar o homem para extraí-lo dele mesmo, como a crisálida de seu casulo, a fim de lhe permitir alçar seu vôo, é puro fantasma ideológico. O homem tem em si os recursos necessários para se auto-edificar e progredir e não necessita de modificação genética para isso. O sonho bio-profético ou bio-catastrófico não ultrapassa o estádio do onirismo. O temor de uma pós-humanidade composta de seres radicalmente transformados é mesmo um desafio ao bom senso. Sou um homem prático. A ilusão segundo a qual amanhã se reproduziria, por exemplo, unicamente graças à clonagem, me parece abracadabrante. Dispensada de fazer crianças, a técnica clássica passando pela relação de um homem e de uma mulher sob ou sobre o colchão de penas apresenta vantagens e atrativos tais que não vejo que a humanidade lhes renuncie por atacado com alegria de coração. Não é por conseguinte a visão apocalíptica de um mundo de clones que justifica minha posição: dela não me vanglorio menos como um feroz adversário da legitimidade moral da clonagem reprodutiva.

* * *

CHRISTIAN GODIN: Os senhores não acreditam nem na ameaça nem na possibilidade de uma transformação radical da fisiologia humana que possa dar um conteúdo objetivo, material, à pós-humanidade? Os senhores pensam que é um espantalho que é agitado?

AXEL KAHN: Eu não creio na transformação fisiológica do homem. Contudo, considero que a ciência, e especialmente a biologia, pode ser inumana. Quando digo "inumana", isso quer dizer humana demais. Cada um sabe que só o homem pode ser inumano. Um animal não o é jamais. Para o homem, é aliás uma expressão de sua liberdade. Ele pode ser humano, pode ser solidário, pode ser inumano.

* * *

CHRISTIAN GODIN: Os senhores também não acreditam nessa hipótese, que tinha sido lançada por certo número de pesquisadores, de uma maneira de secessão genética de uma parte dos indivíduos que se colocariam fora do *homo sapiens sapiens* e constituiriam uma super-espécie?

DOMINIQUE LECOURT: Trata-se, com efeito, de teses que não estão inscritas só em romances. Assistir-se-ia a uma verdadeira cisão no interior da espécie humana entre *"genrich"* e *"naturals"*. Fukuyama faz alusão a isso. Essa visão, porém, saiu diretamente da ciência-ficção. O objeto do debate é que o homem várias vezes se mostrou capaz, quando queria se fazer super-humano, de tornar-se inumano. O tema nietzschiano do super-homem foi torcido, desviado e desfigurado pelos nazistas que lhe conferiram um sentido biológico e racial. Esse episódio trágico inspira as reações de numerosos pesquisadores e filósofos alemães, que se mostram, compreende-se, muito intransigentes nessa questão.

Assinalo, ao contrário, que o presidente do Comitê de bioética da Academia das ciências de Israel, o geneticista Michel Revel, defende que não se abandone a pesquisa em vista de uma "clonagem reprodutiva controlada".[28] A medicina, lembrou ele, nunca teve como vocação inclinar-se diante da natureza, mas corrigi-la. Contudo, ele parece bem isolado na comunidade científica apesar das recentes tomadas de posição provocantes de James Watson a favor dos "bebês sob medida".

AXEL KAHN: Um outro elemento deve ser acrescentado ao nosso debate. Se o objetivo perseguido é aumentar todas as potencialidades humanas, físicas e intelectuais, aí se chega sem intervir no genoma. Os computadores, os robôs, as máquinas de todo tipo nos permitem armazenar massas consideráveis de dados, escolhê-los e tratá-los, voar nos ares e mergulhar a milhares de metros sob a água etc. A necessidade de uma seleção ou de uma improvisação do super-homem é um fantasma que remete, de fato, ao nazismo. O nazismo constitui um caso muito particular. Foi a única vez na história da humanidade em que um regime político, um Estado, se fundou sobre uma ideologia reivindicadora, de modo explícito, das raízes biológicas. O comunismo queria também basear-se numa "ciência", o materialismo histórico.

---

[28] M. REVEL, "Pour un clonage reproductif humain maîtrisé", *Le Monde*, 4 janvier 2003.

As bases biologizantes da sociedade liberal, vistas muitas vezes hoje do lado da sócio-biologia, são mais implícitas.

Dominique Lecourt: Eu diria de bom grado que as bases do nazismo foram filosóficas. É uma filosofia da natureza, e mais precisamente uma "filosofia da vida", que inspirou esse movimento mortífero. A biologia do tempo, de fato, foi solicitada depois recrutada para a defesa de teses que eram, no essencial, estranhas.

Axel Kahn: Certamente. Eu não afirmo, é evidente, que a biologia leve ao nazismo. Sou um biólogo e orgulhoso de sê-lo, e jamais fui tentado pelas idéias fascistas. A ciência em geral e a biologia em particular já foram inumanas, isto é, tipicamente humanas. Algumas técnicas que estão ao nosso alcance ou que dominamos têm a potencialidade de ser inumanas. Por conseguinte, eu as combato. Não se trata para mim de opor-me a um domínio da ciência sobre o qual seria preciso afixar um cartaz: "Proibido pesquisar além deste limite". Contudo, quando uma ciência, seja nos meios que utiliza para se desenvolver, seja nas técnicas com que vai contribuir para esclarecer algo, me parece ser uma ameaça para o que considero dever ser preservado em outrem, tento dizê-lo e desencadear um debate a fim de afastar o perigo. Ameaçar outrem, sua segurança ou sua autonomia, pode ser uma forma de inumanidade.

O saber está sem contestação na base de um poder radical de se tornar senhor e possuidor da natureza. Isso leva às vezes o cientista a reivindicar ainda um outro poder, esse mais político? A resposta é sim. Esse poder científico é reivindicado de maneira crescente desde o século XVII. Aliás é natural. Quando toda uma sociedade coloca suas esperanças na acumulação de um saber científico e técnico, isso leva os que o produzem a reivindicar um lugar maior na condução da cidade. A idéia segundo a qual o mundo seria *in fine* mais bem governado se fosse pelos sábios e técnicos, os que conhecem, compreendem e dominam as ferramentas do futuro, não é nova. Às vezes, o discurso científico encobre uma autêntica vontade de capacidade e de poder. As primícias deste debate são antigas; remontam ao menos a Sócrates e a Platão, disputando com os sofistas a propósito do estatuto da ciência, das relações entre a Verdade, objeto do conhecimento, e o Bem, alvo da moral. Sabe-se que Sócrates, apresentado por seu discípulo Platão, considera que a pesquisa da Verdade conduz à identificação do Bem. Só o cego, o ignorante pode fazer o Mal; jamais em conhecimento de causa. Desde então, os sábios, os que conhecem, devem desempenhar um papel determinante no governo da República. Eu me confesso antes "sofista" na matéria. Milito pela legitimidade conjunta mas distinta do questionamento científico e da investigação moral, irredutíveis um à outra. Eu dei muitos exemplos das conseqüências da pretensão de assentar um poder político em pseudo-certezas científicas: isso foi cada vez o totalitarismo, comunista ou nazista. Eu reivindico conseqüentemente o direito de tratar separadamente, sem interferência, a dimensão tecno-científica e o aspecto filosófico, social ou moral de uma inovação bio-tecnológica. Um projeto dessa ordem pode ser ao mesmo tempo brilhante, apaixonante e... inumano. Para ilustrar minha proposta, voltemos à clonagem reprodutiva, isto é à produção assexuada da cópia genética de um indivíduo. Eu não receio, já disse, que ela substitua a modalidade clássica, em geral mais lúdica, de fazer crianças. Contudo, estou preocupado em preservar ao máximo esse caráter consubstancial da humanidade que é, ao menos, a ilusão da liberdade e da independência. O homem me parece estar ameaçado antes de tudo pelos atentados de toda sorte à sua autonomia. Isso pode começar pelo domínio da aparência. Obrigar um militar, um estudante ou um deportado a vestir um uniforme já é um atentado à sua liberdade. Ser-me-ia insuportável que alguém me indicasse cada manhã a maneira de que devo me vestir, isso seria contrário a meu direito de não depender do gosto ou do capricho de outrem. Numa família, a criança está também em permanente ameaça pelo super-investissemento dos pais. Muitas vezes, esses projetam sobre seu filho uma parte de seus desejos, de suas esperanças, de seus fantasmas. Ele assegura uma continuidade e garante assim uma maneira de imortalidade, a da linhagem pelo menos das pessoas. A criança é, contudo, preservada, até certo ponto, por aquilo que chamo de a grande loteria da hereditariedade. Como sabem, os filhos de um homem e de uma mulher – é verdade também de outros mamíferos – são exemplos singulares saídos de bilhões de combinações genéticas possíveis. A criança procede dos pais, certamente, mas lhes é biologicamente irredutível. Os pais já tomam muitas decisões a respeito de seu filho. Tentam inculcar-lhe uma moral e normas, lhe impõem uma língua materna, o educam numa religião, o confrontam com suas preferências políticas... Felizmente, a criança pode em geral mudar tudo isso: converter-se a uma outra religião, tornar-se padre, rabino ou ateu. Pode assumir novos engajamentos políticos, mudar de comportamento sexual. Ao contrário, se os pais lhe impõem seu sexo, a criança não poderá modificá-lo senão ao preço de uma mutilação e com resultados imperfeitos no plano tanto funcional como psicológico. Se impõe-se a alguém seu invólucro corporal, a cor de seus olhos, a textura de seus cabelos, a forma de seu rosto, seu tamanho médio, a idade de início de sua calvície e de sua miopia, os detalhes desse corpo no qual será preciso viver dias e dias, alguns aspectos do *"hardware"* cerebral – e portanto certos traços de caráter –, isso ele não poderá mudar. Ora, não se tratará de suportar os resultados da sorte, da grande loteria da hereditariedade, mas as conseqüências da vontade de outrem. Se o ser clonado odeia seu corpo, seu sexo, sua imagem, não é o acaso que ele poderá criticar, mas alguém que tiver decidido assim. Com que direito? Nada pode justificar uma evolução que daria a uma pessoa o poder incrível de dispor a seu modo características do corpo de outrem. O poder dos pais sobre o filho não deve ir até aí. Nesse caso, considero que se trata de uma violência inqualificável feita a uma criança, que deve ser comparada com outras violências que ela pode sofrer. Certamente, não se trata de afirmar que a criança nascida nessas condições seria não humana ou pós-humana. Seria humana demais, uma vítima da inumanidade tipicamente humana. A esse respeito ouvem-se declarações que constituem belos exemplos de sofisma, de incapacidade filosófica: se uma criança clonada é um ser humano, a clonagem não pode ser um atentado aos direitos do homem. A estupidez do raciocínio é fácil de demonstrar. Segundo seu princípio, poder-se-ia declarar que a criança violada é um ser humano e que a violação não constitui em conseqüência um atentado aos direitos da criança; ou já que ninguém nega a humanidade de uma mulher violada, que esse tipo de agressão sexual não poderia ser um atentado aos direitos da mulher. Eu tinha anunciado, são sofismas de uma particular indigência intelectual.

* * *

CHRISTIAN GODIN: Poder-se-ia responder o seguinte: a oposição à clonagem em nome da recusa de impor uma espécie de destino genético à criança corre o risco a termo de se encontrar completamente em situação instável já que as biotecnologias vão permitir ao indivíduo proceder a manipulações genéticas; a criança poderá modificar seus dados biológicos de saída e pode-se imaginar que a clonagem, longe de fechar o indivíduo em sua prisão genética, vai precisamente abrir ao infinito os desejos e as possibilidades de manipulações.

AXEL KAHN: Pessoalmente, não condeno a dopagem genética como se constituisse um ato contra a natureza. Sendo completamente ateu, mais mesmo que possam imaginar, não existe para mim barreira entre o lícito natural e o ilícito que invadiria de maneira sacrílega o domínio do sagrado, apanágio de Deus. Quando alguém se dopa, me oponho simplesmente porque fazendo isso põe em perigo sua saúde e às vezes sua vida. Se alguém deseja modificar seu corpo, mudar de sexo, e se isso pode ser feito sem mutilação irreparável, nada tenho a dizer. Estou, contudo, atento à autonomia real das pessoas que se prestam a tais intervenções. Os mecanismos de sujeição econômicos, ideológicos ou psicológicos são numerosos e tiram toda verossimilhança da autonomia da decisão e refletem a mais impiedosa das coações. Se os que o desejam pudessem modificar seu sexo agindo sobre seus genes, com limite, por que não? Ao contrário, um filho clonado, meu clone, não sou eu, é um Outro. Impor a esse Outro ser minha imagem representa de minha parte uma tomada de poder sobre seu corpo que se torna bem difícil de justificar. No que concerne ao destino genético, nós, Dominique Lecourt e eu, tratamos desse problema há pouco. Ambos estamos de pleno acordo num ponto: o dualismo de tipo cartesiano para o qual o corpo e o espírito são de naturezas diferentes, sem influência de um sobre o outro, é hoje indefensável. Bem entendido, essa afirmação não deve ser entendida como a manifestação de um reducionismo primário que assimile a produção do pensamento pelo cérebro à secreção da urina pelo rim. Não obstante, o universo psíquico não é mais autônomo em relação ao corpo do que este não o é em relação aos mecanismos do espírito. São dois componentes do humano, irredutíveis um ao outro mas também indissociáveis. Os pensamentos, o humor se refletem em mil expressões do corpo e são alimentados pelas emoções que dele surgiram. O desenvolvimento de uma personalidade é influenciado por seu sexo, pela imagem de si, a que se percebe e a refletida pelo olhar de outrem. É também estupidez afirmar que o sujeito é redutível a seus genes como afirmar que é independente deles. Isso é tão mais verdade que a materialidade do encéfalo, que tem alguns elos com o pensamento, está também submetida a um controle genético. Com genes de chipanzé, pensa-se como um chipanzé. O cérebro é, certamente, parte integrante do corpo. De todo modo para ficar aquém das funções cognitivas, o controle só da imagem, da simples aparência sempre foi considerado como uma forma de constrangimento. Eu ilustrava isso há um instante pelo exemplo do uniforme. Pensemos também nas tradições populares, contos e lendas, que nunca se enganaram nesse ponto. O feiticeiro do lago dos cisnes que impõe um invólucro de belo pássaro à princesa, Circe que transforma em porco os companheiros de Ulisses, não se apropriam senão das formas de suas vítimas, que eles submetem assim a seu poder. Em resumo, não há dúvida alguma de que o domínio do corpo constitui um meio eficaz de dominação.

Vamos agora à clonagem dita "terapêutica". É um belo exemplo de dilema ético levantado pela prática científica. Recordemos primeiramente de que se trata.

Reserva-se o termo clonagem reprodutiva ao método de reprodução assexuada que, depois do nascimento de Dolly em 5 de julho de 1996, foi utilizado para produzir as cópias genéticas de mais de um milhar de mamíferos, sobretudo de ratos e de vacas. É a perspectiva de sua aplicação ao homem que acabo de discutir. Em 1998, uma equipe americana estabeleceu o método de cultura das células-tronco embrionárias humanas (células ES).[29] Aplicada com sucesso há vinte anos em ratos, essa técnica permite tirar de um embrião no quinto dia após a fecundação as células que

---

[29] NT: embrionic stem cells.

estão na origem de todos os tecidos do futuro feto e do recém-nascido, multiplicá-las e conservá-las em cultura. Desde 1990, a lei inglesa autorizava a criação de embriões humanos para a pesquisa no domínio da esterilidade e das doenças genéticas, com a condição de destruí-los antes do décimo quarto dia. As perspectivas de uma utilização terapêutica das células-tronco embrionárias humanas levaram o legislador inglês a estender o campo de aplicação da lei de 1990, isto é a acrescentar às pesquisas sobre a esterilidade e as doenças genéticas as pesquisas sobre as células-tronco embrionárias, especialmente na perspectiva de seu uso médico. Contudo, Dolly tendo nascido, se pôs a questão do método de produção dos embriões destinados a essa pesquisa. Era preciso incluir o método de transferência de núcleo utilizado nas operações de clonagem animal? A fim de diferenciar essa prática destinada a produzir células-tronco embrionárias, a partir de um embrião clonado, da reprodução assexuada dos mamíferos, os biólogos ingleses, pela primeira vez, puseram em paralelo a clonagem reprodutiva e a clonagem dita "terapêutica". O interesse teórico desse método é o seguinte: as células embrionárias obtidas seriam toleradas pela pessoa da qual fossem produzidos clones embrionários, e que poderia por isso ser tratada sem risco de rejeição. De fato, os genes das células enxertadas e dos recebedores sendo idênticos, nenhuma reação imunológica se produziria. O legislador inglês decidiu estender o campo das pesquisas autorizadas pela lei de 1990, sem referência às modalidades de produção do embrião. Essa invenção semântica da clonagem terapêutica foi seguida, a partir dos anos 2000, de uma avaliação da realidade dessas novas perspectivas médicas. A Comissão européia primeiramente pediu a opinião do Grupo europeu de ética, presidido na época por Noëlle Lenoir. O relator dessa prerrogativa foi uma celebérrima embriologista inglesa, Anne McLaren, membro da autoridade britânica sobre a fertilidade e a embriologia humanas, encarregada de regular a pesquisa sobre o embrião além-Mancha. O Grupo europeu de ética considerou que as perspectivas da clonagem terapêutica eram tão incertas que não justificavam que a União européia se engajasse no apoio a tais pesquisas. Em dezembro de 2001, uma conferência internacional foi organizada em Bruxelas pelo Grupo dos peritos em ciência da vida junto à Direção da Pesquisa da Comissão européia. Cerca de 600 pessoas, cuja maioria de especialistas internacionais do assunto, discutem essa questão durante dois dias e chegam praticamente à mesma opinião. O irrealismo das estratégias médicas estabelecidas sobre a "clonagem terapêutica" é depois largamente admitido em todos os colóquios internacionais em que os médicos e cientistas confrontam – entre si – seus pontos de vista. Encontra-se seu eco na quase totalidade dos editoriais consagrados a esse problema na imprensa internacional.

Com efeito, a obtenção de um embrião humano ou de macaco pela técnica de transferência nuclear para o ovócito chocou com dificuldades ainda não superadas. Pode-se imaginar que serão superadas um dia. Talvez o método será tão eficiente como nos animais em que funciona hoje melhor: a vaca para a produção de embriões clonados e a rata para isolamento de células-tronco embrionárias. Combinando os resultados obtidos nesses modelos animais, os mais favoráveis, estima-se que seriam necessárias, se pudessem ser transportados para o homem, centenas de ovócitos por doente a ser tratado.

A cada tentativa, esforçar-se-ia, em seguida, por criar alguns embriões clonados de boa qualidade dos quais seriam extraídas as famosas células-tronco, que seria preciso multiplicar e transformar na população celular cujo efeito benéfico se espera. Não se estaria ainda no fim de dificuldades. Tratar-se-ia, com efeito, de verificar se as células obtidas têm o potencial de assegurar uma função terapêutica e se não são cancerígenas.

Essa tarefa parece tão desmesurada, tão dispendiosa em ovócitos, tão longa e tão custosa, que de fato não tem chance de constituir jamais um método terapêutico crível oferecido a um número significativo de doentes. A utilização de embriões humanos clonados para fins de pesquisa fundamental poderia se revelar muito interessante. É com tal espírito que o termo contestável de "clonagem terapêutica" tende a ser substituído nas revistas internacionais de biologia pelo de "clonagem com finalidade científica", mais honesto. É natural avaliar a sua legitimidade em comparação com as objeções levantadas por essa abordagem. Elas são conhecidas. Para alguns, os católicos e os ortodoxos em particular, a fabricação de embriões humanos enquanto material de pesquisa é imoral. Muitos resultados festejados antecipadamente e não realizados poderiam muito bem ser obtidos com embriões de macaco. Todo o mundo se inquieta com uma técnica cuja prática exigiria dispor de um tão grande número de ovócitos, células raras que seriam desviadas de sua função procriadora natural. É mesmo de temer que essa demanda favoreça o estabelecimento de um tráfico comercial de óvulos vendidos por mulheres jovens em necessidade. Enfim, e sobretudo, a receita para a obtenção de embriões humanos clonados, quando tiver sido regulada pelos pesquisadores interessados pela "clonagem terapêutica", será publicada nos jornais especializados e, desde então, disponível. É o que esperam com ansiedade todos os que já se lançaram no empreendimento da clonagem reprodutiva, Antinori e parceiros ou Brigitte Boisselier da seita Raël. Então sempre haverá países em que poderão pôr seu projeto em execução. Então, aí se põe um problema de responsabilidade científica.

Algumas dessas objeções tiveram um início de resposta em trabalhos muito recentes. Células assemelhando-se a ovócitos foram obtidas *ex vivo* por diferenciação de células-tronco embrionárias de rata. Poderia estar aí uma fonte ilimitada desse material tão precioso. Contudo, não se possui ainda alguma indicação sobre a qualidade de tais células e sobre sua capacidade de promover a reprogramação de núcleos somáticos transferidos para seu seio. Ainda mais, essas células se engajam espontaneamente num início de desenvolvimento embrionário na ausência de fecundação. O risco que esse comportamento deixa prever de um poder tumorígeno renovo das células ES, que seriam dele derivadas, não pode, então, ser subestimado.

Uma equipe chinesa publicou, em setembro de 2003, os resultados de experiências baseadas na transferência de núcleos de células humanas para ovócitos extraídos de coelhas. Embriões quiméricos foram obtidos, a partir dos quais células de tipo ES puderam ser isoladas. Contudo, nada ainda se sabe das propriedades dessas células, de sua inocuidade e da maneira com que elas seriam toleradas por um receptor enxertado. Além da utilização de ovócitos animais, esse método teria um outro interesse "ético" presumido. Os embriões híbridos reconstituídos por transferência de núcleos humanos para ovócitos de coelhas sem dúvida não têm a capacidade de se desenvolver em recém-nascidos viáveis. A esse título, pode-se discutir a qualidade desses embriões humanos. Esse aspecto positivo seria, contudo, contrabalançado pela imagem simbólica negativa do material biológico híbrido, homem coelho, que seria preciso criar antes.

Seja o que for, essas diferentes abordagens não estão ainda verdadeiramente estabelecidas no plano experimental e não merecem o qualificativo de "terapêuticas". Nada que possa justificar os discursos triunfalistas ouvidos aqui e acolá: graças a essa técnica, os paralíticos voltarão a andar, os velhos atingidos pelo mal de Alzheimer recuperarão a memória, os cardíacos terão ânimo para o trabalho e os parkinsonianos recuperarão toda a flexibilidade de seus movimentos... Na França, a Academia das ciências, a Academia de medicina, o Colégio da França apelam solenemente para os parlamentares franceses para que mantenham aberta a porta da esperança que representa a clonagem terapêutica. Esse engajamento da comunidade científica a favor da liberdade de empreender uma pesquisa de interesse, sem dúvida apaixonante no plano fundamental e na qual certas bases poderiam se revelar importantes em medicina, é legítimo. Mais contestável é a estratégia de lobbying à qual se aparenta esse engajamento. Nos Estados Unidos se vê nas telas da televisão a senhora Reagan, mobilizada a favor de seu marido e Christopher Reeves, um ator tornado paraplégico cheio de esperança na medicina, participar no lobbying a favor da clonagem terapêutica, inconscientes de sua instrumentalização. Apela-se para as associações de paralíticos, de pacientes atingidos por afecções genéticas ou doenças degenerativas diversas. É fácil mobilizá-los e sua influência sobre os representantes do povo é considerável. Felizmente, outras estratégias menos ilusórias que a "clonagem terapêutica" estão sendo estudadas atualmente; algumas se baseiam nas células-tronco embrionárias de embriões supranumerários e outras nas células-tronco adultas. Haveria outros objetivos nessa grande campanha conduzida em nome da solidariedade científica com doentes atingidos por afecções graves? Nessa fase, é preciso evitar deixar-se levar a processos de intenção. Lembremos, contudo, que a ilusão de uma unanimidade contra a legitimidade moral da clonagem reprodutiva se dissipa cada vez mais. No mundo inteiro, muitos cientistas, filósofos, médicos desenvolveram seus argumentos a favor de uma clonagem reprodutiva humana controlada. Outros, como Dominique Lecourt, a vêem como um método banal de assistência médica na procriação oferecida a casais estéreis. Trata-se por conseguinte de dominar a técnica. A primeira etapa consiste em regular a clonagem dos embriões, que se revelou até então mais difícil do que previsto nos primatas e em particular no homem.

No debate sobre a legitimidade de inovações técnicas, não existe posição "interdita" e é bom que se confrontem as análises e seus argumentos. Seria preciso ainda que fosse com toda clareza, abstendo-se da utilização do sofrimento alheio como meio de pressão.

Dominique Lecourt: Eu me perguntava quais eram os reais argumentos que justificavam a oposição de Axel Kahn à clonagem terapêutica. Ele acaba de no-los dar. Eu lhe agradeço. Ele me permitirá, contudo, ficar perplexo diante de sua argumentação. Se compreendo bem, é a ineficácia dessa técnica que ele põe em primeiro lugar. As perspectivas terapêuticas da clonagem seriam incertas, numerosas dificuldades na transferência do núcleo ficariam para ser superadas. Essas perspectivas se teriam revelado tão ilusórias que ele propõe, por uma modificação semântica sutil, falar de "clonagem científica". A terapêutica seria, então, um álibi que pesquisadores teriam encontrado para justificar pesquisas, cujo interesse ele põe em dúvida. Outras técnicas muito mais promissoras estariam em estudo que não beneficiariam do mesmo lobbying e não seriam acompanhadas dos mesmos discursos triunfalistas. O argumento não é provavelmente um argumento de princípio – o do "declive fatal" que arrastaria todo pesquisador, queira ou não, da clonagem terapêutica para a reprodutiva. Ele afirmaria, então, que nada há a esperar dessas pesquisas? É o que parece dizer quando ele denuncia o "irrealismo das estratégias médicas baseadas na clonagem terapêutica, estratégias", que não têm "de fato chance alguma de jamais constituir um método terapêutico crível oferecido a um número significativo de doentes". Aí está uma condenação absoluta. Eu não sou geneticista, mas como filósofo, eu me pergunto se essa condenação não é imprudente já que a história nos ensina que os obstáculos técnicos de hoje podem ser superados amanhã; o que Axel Kahn admite em suma de modo um pouco surpreendente. Por que desde então preconizar o fechamento desse caminho de pesquisa, contra a opinião da Academia das ciências,[30] da Academia de medicina e do Colégio da França? As associações de pacientes nos Estados Unidos fazem campanha a favor da clonagem terapêutica tendo à sua frente o ator Christopher Reeves que, depois de uma queda de cavalo que o deixou paralítico, põe sua popularidade a seu serviço; essas associações foram reunidas, no dia 18 de junho de 2003, pela principal associação de médicos americanos, a *American Medical Association*. É nessa perspectiva que a *Europäische Akademie*, uma fundação alemã dedicada ao estudo das implicações sociais da ciência e da tecnologia, pôde considerar, no dia 15 de dezembro de 2003, num relatório retumbante, que a pesquisa com as células-tronco embrionárias constitui "um imperativo moral".[31] Essa mesma Academia sublinha, com justiça, que é preciso desejar rapidamente uma harmonização da legislação européia sobre o assunto.

A conclusão da exposição de Axel Kahn volta apesar disso, com moderação mas firmeza, à questão da clonagem reprodutiva. Ele considera essa técnica como abertura para o caminho do inumano. Ele tira seus argumentos de certa representação das relações entre pais e filhos. Procede como Habermas em seu livro sobre o futuro da natureza humana.[32] De fato, o objeto do debate é uma representação filosófica

---

[30] O Relatório de 24 de janeiro de 2003 "De la transgenèse animale à la biothérapie chez l'homme", disponível no site da Academia de ciências: http://www.academie-sciences.fr/

[31] http://www.europaeische-akademie-aw.de/

[32] J. HABERMAS, *L'avenir de la nature humaine: Vers un eugénisme libéral?*, (2001), trad. franc. Gallimard, Paris, 2002.

da relação entre a vontade dos pais e a evolução psíquica da criança. Habermas crê poder apoiar-se em trabalhos realizados por psicólogos. Contudo, é preciso reconhecer que só as experiências que sejam vagamente comparáveis à clonagem podem se prestar ao estudo dos gêmeos. Ora, a observação dos gêmeos univitelinos confirma, se fosse preciso, a idéia da individuação humana tal como a defendi acima. Os pais desempenham sem dúvida uma função importante no desenvolvimento de seus filhos, mas muitas outras circunstâncias da vida têm um papel também muito decisivo. Chegados aos vinte e cinco anos, gêmeos durante muito tempo quase indiscerníveis não têm mais totalmente a mesma aparência física se um viveu sua vida no décimo quinto distrito com pai e mãe e se o outro emigrou para um campo tailandês. Seus caracteres podem se tornar quase antagônicos. A fascinação de gêmeos, marcada por mistérios legendários, não deve nos impedir de ver a realidade de sua transformação. A idéia de um determinismo genético estrito no destino da criança, passando pela forma do corpo, me parece pelo menos problemática, o que Axel Kahn aliás observou várias vezes. Então, como afirmar agora que os pais poderiam "programar" sua descendência por manipulação genética? Isso não é inumano, é muito simplesmente humanamente impossível.

Se há um ponto sobre o qual estamos de acordo, é exatamente que, no estado atual da técnica e do direito, o recurso à clonagem reprodutiva como método de procriação é condenável. Contudo, as razões de nossa oposição não são as mesmas. Axel Kahn parece experimentar tanto fascinação como repulsa diante da idéia de um duplo de si mesmo. É estranho, pois aceita ao mesmo tempo todos os argumentos que mostram que esse duplo a ser feito nunca será, mesmo fisicamente, uma réplica ou uma fotocópia de seu original! Ele replicará: é o desejo parental do duplo que tem de que se inquietar. Sem dúvida alguma. Contudo, na perspectiva em que me ponho – a de uma técnica de angústia para casais estéreis – não é *essa vontade*, esse desejo narcisista, que inspirará o recurso a essa técnica. O enquadramento médico, psicológico e jurídico cuidará disso.

* * *

CHRISTIAN GODIN: O senhor minimiza não obstante essa tendência de fundo moderno que é a dissociação radical da procriação e da sexualidade.

DOMINIQUE LECOURT: Eu não a minimizo. Incontestavelmente, essa dissociação se instaurou há vários decênios. Ela existe e envolve grandes transformações. Ela trouxe muita liberdade conquistada sobre o destino natural, em particular para as mulheres, libertadas de angústias ancestrais, para os casais estéreis também (5 a 10% da população mundial). Futuramente talvez para os casais homossexuais! Eu não vejo muitas razões de se assustar. E de qualquer modo, essa dissociação não é ainda acessível a não ser a um pequeno número de alguns países ditos desenvolvidos. Não façamos de sua última forma tecnológica um problema de atualidade a ser regulamentado com urgência.

AXEL KAHN: Há dissociação na medida em que, disso me alegro, a relação sexual não tem sempre por finalidade gerar filhos, e em que se pode fazê-los fora de todo contato físico entre homem e mulher. A procriação continua sendo, contudo, em geral negócio de um casal, com ou sem assistência médica para a procriação. Mesmo quando se recorre à assistência médica, esses métodos são bem diferentes da clonagem. Os mecanismos biológicos que engendram a diversidade, ao acaso, por regulamentação dos caracteres do pai e da mãe – a grande loteria da hereditariedade – continuam existindo. A dissociação entre sexualidade e reprodução é, então, muito relativa. Eu gostaria de voltar ao caso de gêmeos, mas em sentido oposto da maneira com que o trata Dominique Lecourt. Há uma enorme diferença entre dois gêmeos, de uma parte, e eu mesmo e meu clone, se cheguei a me reproduzir desse modo, de outra parte. Imaginemos que uma quimioterapia ou uma intervenção cirúrgica me tenha tornado irremediavelmente estéril. Encontro, porém, uma mulher. Ambos sonhamos ter um filho biológico, um filho do casal. Isso pode se realizar graças à clonagem. Dois gêmeos univitelinos não estão, um face ao outro, na mesma ligação de dependência como a de uma pessoa e seu renovo clonado. Ambos são produtos do acaso, nenhum quis produzir o outro à sua imagem. Observem que eu não afirmo a idéia segundo a qual a humanidade exigiria a unicidade. É a questão da dependência que coloco à frente, do poder sobre o corpo. Nenhum dos gêmeos tomou o poder sobre o corpo do outro. Voltemos a essa criança que nasceria por clonagem porque eu não poderia mais me reproduzir a não ser assim. Seria um menino, teria uma covinha no queixo, os olhos verdes escuros, seria míope e desenvolveria bastante cedo uma calvície moderada. Teria minha voz também, porque essa teria sido minha vontade. Eu teria 78 anos quando ele tivesse 18. Contemplando-me ele ver-se-ia sessenta anos depois, tendo esse trauma suplementar a superar para ele mesmo construir sua vida. Isso é justificável? Esse filho clonado teria porém a qualidade de um cidadão com total igualdade de direitos e de deveres comigo. Como admitir que eu imponha a esse outro cidadão seu sexo, seu corpo, sua imagem? Além da aparência, voltemos ao caráter. O psicólogo Cyril Burt antigamente traficou em estudos tratando de gêmeos em benefício de uma ciência ideológica. Hoje, explorações psicométricas mais críveis foram publicadas. Alguns resultados são inesperados. Quando se avalia a concordância psicológica entre gêmeos aos doze e aos oitenta anos, se espera intuitivamente encontrá-la superior nos jovens e a vê-la se atenuar em seguida. Com efeito, a influência dos acontecimentos da vida, o que se chama às vezes de epigênese, poderia se manifestar de modo crescente ao longo dos anos. Aos oitenta anos, a marca diferencial das existências nos gêmeos deveria aumentar sua diferenciação psíquica. Ora, dados sérios e concordantes sugerem exatamente o inverso. Os testes psicométricos são mais concordantes nos velhos do que nos jovens. Como explicar esse paradoxo? Gêmeos de doze anos educados juntos – não é verdade para os que vivem separados – manifestam esse desejo de se individualizar que, de modo voluntarista, se esforçam sistematicamente para assumir um caminho diferente do outro. No fim de suas vidas, esses irmãos ou irmãs que se assemelham tanto, cujos gostos naturais e equipamento sensorial são do mesmo tipo, têm tendência de organizar seu ambiente sobre modelos similares. A concordância genética é, então, completada por uma concordância epigenética:

a impressão deixada por um mundo que eles arranjaram em torno de si segundo planos da mesma ordem, ao contrário de irmãos e irmãs ordinários, aumenta sua semelhança no crepúsculo de sua existência. Talvez um mesmo fenômeno se produziria na situação da clonagem. Em resumo, a clonagem é de natureza a aumentar a dependência do sujeito clonado em relação a seu "concebedor" e eu não vejo o que pode legitimar a clonagem.

DOMINIQUE LECOURT: No fundo, o ponto de desacordo entre nós está na importância decisiva que dás à vontade dos pais. Eu não posso subscrever esta idéia de que uma vontade se imporia à criança de modo tão implacável, só pelo fato de que o corpo teria sido efetivamente modelado com a ajuda de uma técnica sofisticada. Sobretudo, porém, sabemos de qualquer modo que subsistirá do modelo à cópia uma irredutível distância. O desejo de semelhança expresso pelos pais pode se verificar implacável quando recai, independentemente de toda clonagem, não sobre o corpo da criança mas sobre seu futuro social – a carreira, o casamento... Não nos faltam romancistas para explorar esse traço da natureza humana. Não seria preciso confundir independência do corpo e autonomia da vontade.

AXEL KAHN: Mas como pode justificar que um cidadão determine tantos traços, não fosse senão do corpo, de um outro cidadão?

DOMINIQUE LECOURT: Esse "não fosse senão do corpo" me incomoda. Os traços do corpo não determinam a pessoa, eles contribuem certamente para sua formação, mas num sentido que nunca é previsível e aliás jamais acabado.

No que diz respeito à semelhança física, de unânime opinião, ser "todo o retrato de seu pai" ou "de sua mãe" pode ter incidências muito diversas conforme os filhos. Alguns aí encontrarão uma incitação ao conformismo, outros à rebelião. Alguns cultivarão essa semelhança, outros quererão desligar-se dela... E todos os casos intermediários podem se apresentar.

Axel Kahn: O senhor volta a um dualismo que condenou há pouco. A alma habitaria o corpo como René Descartes propunha. Se fosse uma bela loura de olhos azuis, é provável que sua personalidade seria diferente.

Dominique Lecourt: Eu não volto de modo algum ao dualismo. Se eu fosse uma bela loura, teria minha vida de bela loura e não teria as mesmas relações que tenho com o senhor hoje. Eu não vejo problema a partir do momento em que se quer considerar o indivíduo como um todo. A vontade dos pais intervém no desejo inicial, e a pessoa, uma vez que existe, faz seu caminho com seu próprio equipamento negociando de maneira contínua com esse desejo. É o que chamo de trans-individualidade do ser humano. Não é porque haverá uma semelhança posterior extremamente forte com um dos pais que a liberdade do indivíduo será atingida. Mas, repito, não há urgência...

Axel Kahn: Esse ponto constitui, de fato, uma divergência importante entre nós. Lá onde considera que não há urgência, eu vejo o risco de uma agressão. Criminalizá-la, como se faz por outros abusos do poder sobre outrem, me parece legítimo. Parece-me essencial não aumentar o poder dos genitores sobre os filhos, proteger estes últimos da vontade de poder e de posse dos pais. Antigamente, antes que a clonagem existisse, eu já era contra a utilização do diagnóstico pré-natal para escolher o sexo da criança e, se isso tivesse sido possível, o que não é o caso, para determinar a cor de seus olhos, de seus cabelos. Não há, com efeito, razão alguma para que esses detalhes que pertencem à intimidade orgânica de um ser sejam determinados em função das preferências ou dos caprichos de uma terceira pessoa. Com a clonagem, a predeterminação por um terço das características de outrem não se limitaria ao sexo, aos olhos e aos cabelos, já o vimos. Sendo admitido que o clone teria não obstante a possibilidade de desenvolver sua própria personalidade, já que concordamos em não reduzi-lo a seus genes, é razoável complicar-lhe a esse ponto a tarefa para satisfazer os desejos daquele ou daquela de quem seria a reprodução biológica?

Dominique Lecourt: Para voltar ao que dizíamos para começar, o que me parece dever ser evitado são todas as técnicas que podem contribuir para reforçar as tendências ao individualismo, ao egoísmo, que afetam a humanidade atual na base da extensão muitas vezes brutal das relações mercantis a todas as esferas da existência. A clonagem reprodutiva, uma vez dominada – se o será um dia – pode responder a fantasmas de narcisismo absoluto e satisfazer desejos de onipotência, pode servir às lógicas comerciais...

Contudo, pode também permitir fazer vir ao mundo crianças que enriquecerão a humanidade de seus genitores, dos que vivem na angústia de não estar em condição de satisfazer o que se chama hoje seu "desejo de criança".

Vê-se bem que nenhuma decisão pode ser tomada a não ser à saída de uma discussão aprofundada. Essa prática casuística é chamada a sustentar a expansão desejável do que chamo de "o espírito ético".

Axel Kahn: O que me parece estranho no processo da subida à torre de defesa dos cientistas a favor da chamada clonagem terapêutica, é sua amplidão, seu caráter mundial e a vivacidade dos debates. De fato, o debate por si mesmo é saudável. Nas discussões entre pesquisadores envolvidos, não há divergência radical na análise das potencialidades da abordagem do tema, se bem que se poderia não aceitar a razão da polêmica inata a esse tema se não se percebesse seu alcance simbólico. Além da questão de sua contribuição para a regulamentação de um método fiável de clonagem reprodutiva, já evocada, sem dúvida é a questão do embrião e a do princípio da liberdade da pesquisa que é objeto de debate. Estrangular, de uma vez por todas, o conceito da sacralidade do embrião humano tantas vezes posto como obstáculo a seus projetos é de fato bem tentador para os pesquisadores.

Epílogo

SENTIDO, PAPEL E FUNÇÃO DA BIOÉTICA

CHRISTIAN GODIN: Isso nos leva à última questão sobre o sentido, o papel e a função da bioética. Se compreendi bem, na sua opinião, Dominique Lecourt, o sentido e a função da ética no domínio biomédico seriam determinar o conteúdo dos novos valores que são produzidos pelos progressos dos conhecimentos em curso. Não, portanto, uma função de proteção e de proibição, mas uma função de invenção.

DOMINIQUE LECOURT: Não uma função de interdito ou de proibição, mas uma função de invenção e de proteção. Eu lamento que cada vez que se pronuncia a palavra "bioética" hoje, ouve-se imediatamente a palavra "interdito". É totalmente surpreendente ver que o campo da bioética, especialmente quando é freqüentado por juristas, é submetido à questão de saber o que é preciso proibir. Dever-se-ia antes colocar a questão de saber o que se pode tirar dos avanços biológicos e médicos para o ser humano. Nós nos colocaríamos na ótica da inventividade normativa. A nós compete suscitar e explorar as possibilidades que podem contribuir para o bem comum; o que requer uma reflexão filosófica de conjunto sobre a condição humana.

CHRISTIAN GODIN: O senhor não pode apoiar que se proíba alguma coisa nesse domínio...

DOMINIQUE LECOURT: Certamente que não. É por isso que falo também de proteção. O princípio é simples de se enunciar: evitar que as novas tecnologias venham trazer para alguns seres humanos instrumentos a serviço de seu desejo de dominar ou de escravizar os outros. Esse princípio é de aplicação muito concreta e muito imediata. Sabemos em particular que "nosso mundo" se acha dividido entre um pequeno número de países ricos e poderosos e uma imensa maioria de populações que vivem na pobreza ou na miséria. Pode-se esperar que as novas tecnologias ajudem a melhorar a sorte dessas populações. Contudo, é um problema político, uma questão de relações de força muito complexa, que ultrapassa o campo da reflexão bioética. O que, ao contrário, se inscreve no campo dessa reflexão e das medidas concretas que ela deve inspirar, é ajudar os países ditos do Sul a desenvolver por si mesmos uma pesquisa e um ensino científico e tecnológico com meios apropriados – que não são forçosamente a importação de modelos ocidentais, aliás passavelmente usados em nossos próprios países. O exemplo da "mão na massa" inventado em 1996 e promovido por Georges Charpak, prêmio Nobel de física 1992, e pela Academia das ciências, me parece ir muito eficazmente nesse sentido. Tais medidas terão como efeito promover o espírito científico e o gosto da invenção. A simples ajuda, porém, não basta. Importa sumamente que as populações desses países, elas mesmas, tirem benefícios duravelmente das pesquisas que aí se desenvolvem. Quando se trata especialmente de pesquisas biomédicas, uma vigilância muito particular se impõe para que sejam respeitados os textos internacionais, a legislação dos países implicados e – o que exige conhecimento e tato – os dados das culturas locais. A questão dos protocolos a instituir para os testes clínicos nos países do Sul, por exemplo, não é de simples regulamentação. Já a noção de "consentimento esclarecido", pedra angular de nossa ética médica, pode revelar-se de difícil acesso e de aplicação em ares culturais em que a noção do indivíduo, a da vontade e do julgamento não são as mesmas que as nossas. A maior vigilância se impõe então para que essa situação não seja explorada por pessoas sem escrúpulos em benefício exclusivo de um certo Norte... Nada seria mais grave que ver a pesquisa se efetuar, em definitivo, *contra* os mais desprovidos!

* * *

CHRISTIAN GODIN: Os interditos que evoca atingiriam a prática mas não a própria pesquisa...

DOMINIQUE LECOURT: São interditos, proteções ou enquadramentos que incidem sobre práticas que dão às aplicações da pesquisa um sentido inumano, contrário ao humanismo aberto que defendo.

AXEL KAHN: Da minha parte, o quadro geral no qual considero a bioética é o de uma moral da ação quando uma inovação biológica e médica se aplica ao homem ou ao que há de valor para ele. Antes de ser o domínio do interdito, a bioética é o da tensão. Há dilema bioético quando o problema levantado é passível de várias soluções possíveis vindas de racionalidades aceitáveis de certo ponto de vista, mas contraditórias. A questão abordada é nova, a resposta não pode ser encontrada em códigos de deontologia ou na lei. Há, então, tensão ética. Contudo, enquanto moral da ação, a ética impõe decisão. É preciso escolher e explicitar os valores em nome dos quais a escolha foi feita. O fundamento desses valores me parece, como para Dominique Lecourt, residir no cuidado do Outro, sobretudo se é frágil, se está ameaçado. É ética uma inovação cuja aplicação pode contribuir para a preservação, para o desenvolvimento de outrem. Ao contrário, a utilização das novas técnicas para subjugar, estigmatizar ou instrumentalizar outras pessoas é contrária à ética, mesmo quando os métodos empregados constituem brilhantes progressos científicos. O progresso técnico não é uma garantia de progresso para o homem. Engajar-se para que o seja é uma injunção do humanismo da responsabilidade que eu reclamo.

DOMINIQUE LECOURT: A maior parte das discussões atuais em matéria de bioética, por mais justas que pareçam pela gravidade das questões levantadas, tomam um ar anticientífico pronunciado. A ciência, a técnica, a tecnociência estão postas sob censura. Chegar-se-ia a crer que todos os males presentes e a vir de nossas sociedades lhes são imputáveis. Essa reviravolta de opinião, que começou desde os anos 1970 com as legítimas inquietações ecológicas sobre o futuro do meio ambiente, constitui em si mesma uma ameaça. Ela fornece argumentos a movimentos ideológicos extremos. É o próprio sentido que podemos imprimir na aventura humana que está em discussão. Se todo risco se encontra doravante considerado como uma ameaça que seria preciso neutralizar preventivamente, se, no caminho de certas pesquisas, é preciso absolutamente "voltar atrás" (Mary Shelley) por medo difuso de vê-las se voltar contra nós, então o medo do incerto superará a atração do desconhecido. Uma humanidade voltada sobre si mesma gerirá seu triunfo como um patrimônio a transmitir a gerações futuras desprovidas de audácia e de generosidade. São os discursos e as práticas de segurança que sobressairão – quer sejam geopolíticos, políticos, religiosos, morais ou psicológicos. E como a segurança absoluta (o famoso "risco zero") é um engodo, é antes a insegurança que suscitará esse desejo desvairado.

O cienticismo tinha feito da ciência um fetiche, o tecnologismo tinha feito do poder da técnica um artigo de fé. O espírito científico, em seu livre desdobramento, o pensamento tecnológico, na inesgotável inventividade que manifesta, solicitam de novo vigorosamente o espírito ético. O que nos falta é um "novo espírito ético" emancipado das conceituações individualistas do sujeito, do indivíduo, da pessoa e de sua responsabilidade.

Explorar maneiras de viver, modos de pensar, solicitar as virtualidades de cada um, experimentá-las para o bem comum, oferecer a todos a oportunidade de desenvolver suas capacidades, é esse o espírito ético em ato. Mostrar sua própria vulnerabilidade, procurando o que sempre há ainda para aprender uns dos outros, desenhar as perspectivas da invenção normativa a partir dos casos que se apresentem, eis a ética. Ela requer uma atividade intelectual de um tipo particular que se situa a meio caminho entre o exercício espiritual e a experiência de pensamento. Ousemos algumas fórmulas novas: o "conteúdo" da ética é constituído do que se poderia assim chamar de "exercícios de pensamento" que fazem apelo à atenção e à imaginação, que tiram proveito de nossos apegos e de nossos desinteresses, de nossas identificações e de nossas sujeições. Em resumo, que exigem as margens de liberdade de que cada um de nós pode dispor.

Não é simplesmente o "respeito" do outro que importa, pois essa noção implica uma distância que pode logo se tornar a da indiferença. O espírito ético se mostra ao contrário no interesse sempre alerta que tenho para *este* outro, para a escuta da maneira como lida com os incômodos de sua condição, com as capacidades (e as incapacidades) de seu ser, não por gosto de análise mas para discernir o que há nele que possa solicitar minhas próprias virtualidades e para me apropriar do que há em mim que possa solicitá-lo.